有图学八段锦

牛爱军 著

人民邮电出版社
北京

图书在版编目（CIP）数据

看图学八段锦 ：视频学习版 / 牛爱军著. -- 北京 ：
人民邮电出版社，2023.4
ISBN 978-7-115-60873-4

Ⅰ. ①看… Ⅱ. ①牛… Ⅲ. ①八段锦－图解 Ⅳ.
①G852.9-64

中国国家版本馆CIP数据核字(2023)第014236号

免责声明

本书内容旨在为大众提供有用的信息。所有材料（包括文本、图形和图像）仅供参考，不能用于对特定疾病或症状的医疗诊断、建议或治疗。所有读者在针对任何一般性或特定的健康问题开始某项锻炼之前，均应向专业的医疗保健机构或医生进行咨询。作者和出版商都已尽可能确保本书技术上的准确性以及合理性，且并不特别推崇任何治疗方法、方案、建议或本书中的其他信息，并特别声明，不会承担由于使用本出版物中的材料而遭受的任何损伤所直接或间接产生的与个人或团体相关的一切责任、损失或风险。

内 容 提 要

本书是上海体育大学教育学博士牛爱军老师，为帮助八段锦爱好者更好地了解并掌握八段锦，撰写的八段锦自学指南。全书共分为八个章节，第一章介绍了八段锦的名称由来和发展历史，第二章介绍了练习八段锦的益处，第三章介绍了为什么中老年人更适合练习八段锦，第四章至第七章分别介绍了卧式八段锦、坐式八段锦、道家八段锦和站式八段锦，第八章介绍了关于八段锦锻炼的疑问。本书内容全面，展示了四种八段锦每一式的功理作用和每一式的练习步骤，图文并茂，部分图片提供了多角度图，方便广大八段锦爱好者自行学习。本书适合八段锦爱好者阅读，对体育院校师生和老年大学师生等也具有参考价值

◆ 著　　　　牛爱军
责任编辑　裴　倩
责任印制　马振武
◆ 人民邮电出版社出版发行　　北京市丰台区成寿寺路 11 号
邮编　100164　　电子邮件　315@ptpress.com.cn
网址　https://www.ptpress.com.cn
廊坊市印艺阁数字科技有限公司印刷
◆ 开本：700×1000　1/16
印张：7.5　　　　2023 年 4 月第 1 版
字数：107 千字　　　　2025 年 10 月河北第 16 次印刷

定价：39.80 元

读者服务热线：(010)81055296　印装质量热线：(010)81055316
反盗版热线：(010)81055315

在线视频访问说明

本书提供部分动作示范视频，您可以按照以下步骤，获取并观看本书配套视频。

● 步骤1

用微信扫描下方二维码。

● 步骤2

添加“阿育”为好友（图1），进入聊天界面并回复【60873】（图2），等待片刻。

● 步骤3

点击弹出的视频链接，即可观看视频（图3）。

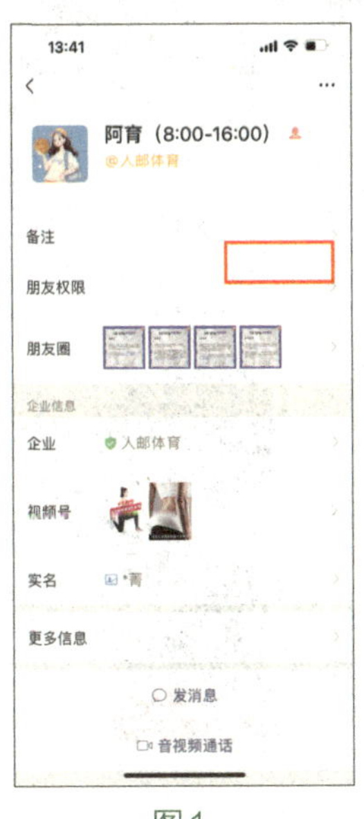

图1

图2

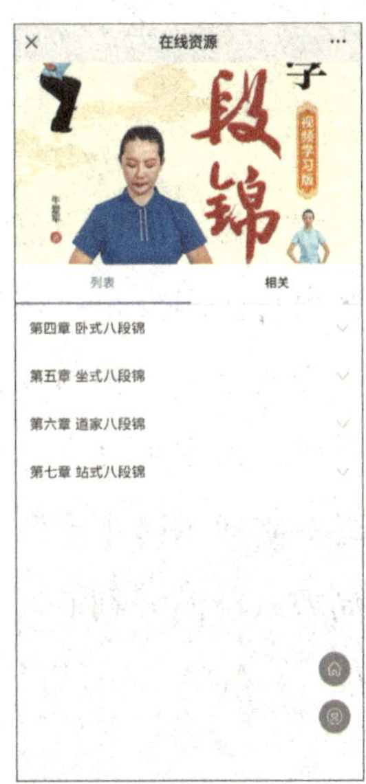

图3

作者简介

牛爱军，上海体育学院教育学博士，复旦大学历史学博士后，获“全国体育事业突出贡献奖”“全国优秀社会体育指导员”等多项荣誉称号；出版《八段锦养生智慧》《二十四节气导引》《呼吸的养生智慧》等专著；担任《健身气功·五禽戏》副主编、《校园五禽戏》丛书副主编；在“喜马拉雅FM”开设“牛博士谈养生之八段锦”专栏；曾多次被国家体育总局委派至美国、法国、日本、加拿大、澳大利亚等国家讲学授课，现任深圳信息职业技术学院体育部教师。

模特简介

祝京媛，洛阳市健身气功协会会长，洛阳市体育总会副会长；在2021年荣获“全国群众体育先进个人”称号；武英级运动员，健身气功七段，国家级社会体育指导员、裁判员，曾为青海省武术队主力队员；曾多次被国家体育总局委派至澳大利亚、德国等国家进行健身气功推广、教学工作。

目录

04 第四章 卧式八段锦

05 第五章 坐式八段锦

06 第六章 道家八段锦

07 第七章 站式八段锦

08

第八章　关于八段锦锻炼的疑问

第一章

认识八段锦

如果把一种运动比喻成“锦”，这种运动会是什么样的运动呢？

当然是大家耳熟能详的“八段锦”。

为什么要用“锦”来命名一种运动呢？

回答这个问题之前，我们先看看“锦”和“绣”之间有什么区别。

我们经常说“锦上添花”“繁花似锦”“锦衣玉食”“锦绣江山”等成语，也经常把“锦”和“绣”连在一起使用，但是两者截然不同。“锦”指的是在生产过程中将图案或文字织进丝绸中，锦与绸融为一体；“绣”指的是用彩色丝线在布帛上刺成图案或文字等。

从这里可以看到，与“绣”相比，“锦”侧重的是整体和结构，强调的是“一体化”。

如果我们把人体比喻成一幅华美的彩绸，那有没有一种锻炼方法可以让这幅彩绸熠熠生辉呢？

有，这种锻炼方法就是“八段锦”。

八段锦有8个动作，这8个动作就像是8种方法、8种技艺，在人体这幅彩绸上面交织，绘就了一幅美妙的图画。

为什么叫“八段锦”

这幅图画使我们的气血充盈、筋骨强健，让我们的生命焕发出似“锦”的光彩，使结构更合理、整体更和谐，所以叫作“八段锦”。

八段锦从哪里来

史料记载，“八段锦”已经有至少1000年的历史。

经过长期的历史演进，一代又一代人对八段锦进行了传承。到北宋时，八段锦基本定型，最开始出现的是坐式八段锦，后来又有了立式八段锦。

到了明清时期，八段锦的种类、流派越加繁多，又出现了卧式八段锦等。需要注意的是，即使都是立式八段锦，在动作名称一致的情况下，不同流派的动作也相差较大。

2003年以后，国家体育总局推出了“健身气功·八段锦”。据不完全统计，目前在社会上流传的八段锦不少于60种。

第二章

为什么要练八段锦

有助于精神放松

运动项目那么多，为什么要提倡练习八段锦呢？八段锦被称为“医疗体操”，这是因为八段锦以肢体动作练习为主要形式，可以活动关节、强壮肌肉，通过动作和呼吸的相互配合刺激机体产生积极的效应。八段锦的八个动作按照一定的次序编排，易学易练，可分可合。练习八段锦不受时间和场地的限制，容易获得良好的健身效果。

中国传统文化讲究“身心同治”，一个人的精神状态会影响到身体机能，同样身体机能也会影响精神状态。

养生先养心，调节精神状态是养生的第一要务。在练习八段锦的过程中，聚精会神，心无旁骛，呼吸平缓，动作柔和，这样练习才有养生的功效。

如果我们把人体比喻成一台精密的计算机，当人体感觉不舒服的时候，其实就是机器拉响了运行故障的警报，假如不及时排除这些故障，积少成多，小毛病就容易变成大问题。

人体这台机器有自我诊断的功能，所以才会拉响警报。当然，它还有自我修复的功能，可以在适当条件下进行自我的调适和整理。

但怎样才可以让这些功能发挥作用呢？答案是，当头脑“无为”时，身体就“有为”了，就可以发挥自我修复功能了。

头脑“有为”的意思是，心理活动和情绪波动往往容易掩盖人们对身体所出现问题的感知，继而影响身体发挥自我修复功能。

所以练习八段锦的第一要务是让精神放松，让心静下来。

有助于呼吸锻炼

八段锦的动作虽然简单易学，但每一个动作以及动作与动作之间的衔接

都经过了精心的编排，并强调动作与呼吸的配合，以达到“呼吸精气，独立守神”的要求。

练习八段锦应使用“逆腹式呼吸法”，简单来说，就是吸气时收腹、呼气时鼓腹，吸气的时候收肚子，把肚脐往后背贴，呼气的时候再放松还原。

呼吸的时候要用鼻子，不要用嘴。按照中国传统的锻炼习惯，唇齿要轻闭，舌尖要轻轻抵在上腭。鼻子吸气、呼气，尽量让吸入和呼出的气息均匀、深长。

逆腹式呼吸本身就是一种很好的锻炼方式。

人呼吸并不能把肺里的气体一次性全部排出来，总有些气体沉淀在肺的底部，而逆腹式呼吸能够最大限度地让这些气体和外界气体得到交换，增强人体“吐故纳新”的能力。

吸气的时候，膈肌下压，呼气的时候，再上提，一升一降，就相当于一抓一放，和我们按摩四肢肌肉的形式相似。

如果希望效果更好点，还可以在呼气和吸气结束的时候，保持一下“屏息”的状态，也就是不呼不吸。这就相当于按摩肌肉的时候，捏住之后停一会儿才松开，使按摩更充分、透彻。

逆腹式呼吸可以促进胃肠蠕动，使人体的吸收、消化能力增强，既可以强体，还可以帮助人们平静心情、调节精神状态。

有助于骨正筋柔

现实生活中我们会发现，一个人的年龄越小，身体就越柔软，因此人们常说:“你的身体有多柔软，你就有多年轻。”

练习八段锦的目的是“导气令和，引体令柔”。“导气令和”指的是呼吸锻炼，“引体令柔”指的是身体锻炼。通过坚持锻炼，练习者能够达到“骨正筋柔，气血自流”的效果。

八段锦属于中小强度的有氧运动，在锻炼时加强了手指、脚趾等关节的运动，以增强肢体远端血液的微循环，促进血液的合理分配；在练习时要注意分辨清楚每一个动作的起落、高低、轻重、缓急、虚实，使动作过程不僵不滞，柔和灵活。

八段锦锻炼强调以腰为主轴和枢纽，带动上、下肢向各个方向运动，以增大脊柱的活动幅度。八段锦的动作皆启动于腰，即使在一呼一吸之间，吸气则蓄劲，提腰立脊；呼气则放松，沉腰松腹。腰是动作的发动机，气如车轮，腰似车轴。

坚持不懈地练习八段锦，可以提升练习者的骨密度和肌肉力量，延缓机体衰老进程；可以提升各关节的灵活性与身体的柔韧性，增强体质，改善身体机能。

第三章

中老年人更适合练习八段锦

动静结合、练养相兼

用古人的话来说，“动静结合、练养相兼”就是要“小劳”，莫“大疲”。所谓“小劳”，劳的是筋骨肌肉，这叫作“练”；在练的同时还要“养”，“练”和“养”合起来，称为“练养相兼”。

现代社会的人们已经普遍接受了“运动是良医”“生命在于运动”的理念，但运动具有一定风险，所以需要提倡“科学运动”“适量运动”“有氧运动”。八段锦是流传了千年的科学、适量的有氧运动方法，虽然动作强度不大，但是规范地完成动作并重复练习，可以使练习者的心率达到靶心率范围，有效增强心肺功能，安全可靠。八段锦是这样一种让人锻炼过后不会感到太疲劳的运动，而且还会让人精神振奋，保持清醒的头脑和饱满的精力。

八段锦是一种“内外兼修”的运动。外国人最早把八段锦介绍到国外的时候，称它是中国古代的“医疗体操”。“操”注重的是肢体动作，就像我们在跑步、打球、游泳的时候，先做肢体动作，然后以呼吸来配合动作，这是体育运动普遍遵循的规律。

但是在练习八段锦的时候，要先有呼吸，再做动作，比如站式八段锦中的“左右开弓似射雕”这个动作。吸气，胸腔扩大，随之两臂向前向上方抬起、手腕在胸前交叉；呼气，胸腔缩小，随之两臂外展成拉弓状，同时身体下坐、屈膝；动作是由呼吸带动和引领的。

练习八段锦强调劲力发自人体内部，这劲力源于呼吸，然后传导到肢体形成动作，可以说呼吸是动作的发动机。所以练习八段锦有两大功效：外练筋骨皮、内练精气神。

练习八段锦要求动静结合，“动”是指在意念引导下，动作柔和缓慢、舒适自然。“静”是指练习中动作虽略有停顿，但内劲不停，肌肉继续用力，保持牵引伸拉。只有适当地用力和延长作用时间，才能使相应的部位受到一定强度的刺激，提升锻炼的效果。

练习八段锦还要求练养相兼。练，是指肢体动作、呼吸调节与意念运用有机结合的锻炼过程。养，是指通过上述练习使身体出现的轻松舒适、呼吸柔和的静养状态。只练不养，人会特别容易感到疲劳；只有练养相兼，才能内外兼修。

简便易行、易学易练

在日常生活和锻炼中，凡是琐碎不容易施行的方法，往往都不能持久。只有简便、易行、有效的方法，才能传播得更广泛、更持久。八段锦之所以能够流传千年而不衰，流派和种类还越来越多，正是因为它操作简单、效果显著，可以随时随地进行锻炼。

不管是以何种身体姿势为主的八段锦，动作都有8个，练习者在短时间内就可以初步掌握动作要领。但不管哪种八段锦，都“易学难精”，即上手快、精深难。

八段锦属于中医导引术，“导引”的意思是“导气令和，引体令柔”。在练习过程中，调息绵绵、心息相合，意念集中、引导气机，配合肢体动作，可以牵动全身气机规律地运行，使神、气、形各安其位、互相协调，保持人体的状态最优化。

八段锦的动作要和呼吸相互配合，遵循“动缓息长、动息相随”的原则，呼吸缓慢、动作柔和，使动作的学习和练习过程变得相对容易。

难易总是相对的，虽然八段锦上手快、容易学，但是八段锦的每一个动作都蕴含着很多中国传统文化知识，并以这些传统文化知识为指导，要求练习者在练习过程中逐步体会人体气机的开阖，皮、肉、筋、骨、脉、内脏等的放松，动作的绵软松弹、富有韧性，动作和呼吸及意念的配合，等等。

冰冻三尺非一日之寒，一层功夫一层理，在练习中逐步加深对八段锦的认识，才能逐步提升练习八段锦的水平。

增强体质、健康身心

体质是指人体的“质量”，它是在遗传性和获得性基础上表现出来的人体形态结构、生理功能和心理因素等综合性的稳定特征。一个人的体质越好，说明其越健康，适应环境的能力也就越强。常用身体形态、机能、素质和运动能力来测量和评价一个人的体质。合理有效的健身运动可以改善评价体质的各类参数的指标，练习八段锦和参与其他体育项目一样，能够有效地增强练习者的体质。

练习八段锦时强调末梢关节和小肌肉群的运动，可以有效地提高练习者的神经反应能力和神经肌肉之间的协调性。练习八段锦时注重动作的伸展，可以有效地增强关节、韧带和肌肉的伸展性、弹性，并提高身体的柔韧性。坚持练习八段锦可以改善练习者的上下肢肌肉力量、运动协调能力，还可以改善心肺功能、血压、体重等身体指标。

心肺功能是反映的人体心脏泵血及肺部吸入氧气的能力，它直接影响全身器官及肌肉的活动。良好的心肺功能是维持正常血液循环的必要条件，而正常的血液循环又是所有组织器官获得营养物质的必要条件，所以心肺功能是人体最重要的功能之一。练习八段锦这种规律性、持续性、有节奏的运动对改善心肺功能最为有效，而改善心肺功能可以有效地预防心脏病。

世界卫生组织指出，健康不仅是没有疾病，还要有良好的心理状态和社会适应能力。现代医学模式已从单纯的生物模式向生物—心理－社会医学模式转变，一个健康的人不仅要拥有健康的躯体，还要有健康的心理状态和良好的社会适应能力。心理健康作为衡量一个人健康与否的重要内容，可以通过观测身体状况、智力水平、情绪反应能力、心境调节能力以及是否能与他人和社会和谐相处来进行判断。练习八段锦时强调呼吸的均匀和缓，强调动作和呼吸的配合，通过柔和缓慢的动作和呼吸能够调节心理状态，使练习者感觉到放松、平静。

第四章

卧式八段锦

卧式八段锦适合中老年人在睡醒以后或者入睡之前练习。大家知道，中老年人睡醒以后不宜马上起床，特别是早上睡醒以后，应该先保持静卧，调匀呼吸，集中注意力，慢慢活动关节，待全身气血畅通以后再起身；午睡醒来时，也可以通过练习卧式八段锦唤醒身体，再慢慢起床。

另外，随着年龄增长，中老年人容易出现睡眠障碍，因此在入睡前通过调身、调息、调心的卧式八段锦练习，可以放松肢体、缓解压力，促使五脏和顺，促进心肾相交，从而快速入眠，有效提高睡眠质量。

预备式——调整呼吸、调正身形

• 动作规格

睡醒以后或者入睡之前进行练习。

首先调整身体成仰卧姿势，枕头高低以感觉舒适为宜。

两臂自然置于身体两侧或双手相握（虎口交叉相握，男性左手在下、女性相反）放在上腹部（胸骨下端和肚脐连线的正中点）。

两腿自然伸直（可以在膝窝下面垫一条厚毛巾，以放松腰部肌肉），脚跟和脚尖自然分开（图4-1）。

▲图4-1

鼻吸鼻呼，唇齿轻闭，舌抵上腭，两眼轻闭或微露一线之光，注意力集中在呼吸上，感受腹部随着呼吸一起一落。

• 呼吸要求

呼吸方式为顺腹式呼吸（吸气鼓腹、呼气收腹）或者逆腹式呼吸（吸气收腹、呼气鼓腹）。一般说来，睡醒以后练习宜采用逆腹式呼吸，入睡之前练习宜采用顺腹式呼吸。

第一式　转踝运趾

• **功理作用**

人老先从脚上老，足暖一身暖，所以不管是醒后还是睡前都应该先活动一下脚踝、脚趾，让全身的气血运行更通畅。

人体下半身血液循环的畅通与否，对全身的气血流通影响很大。如果脚踝柔软有弹性，则回心的静脉血液就能顺利通过脚踝；如果脚踝僵硬、老化，正常的血液循环就会受到影响。

脚趾是离心脏最远的部位，血液循环最难到达，所以"人老先从脚上老"，脚趾无力抓地了，人就会步履蹒跚、老态丛生，而且"寒从脚起""足暖一身暖"，保持脚趾灵活，确保有足够的血液供应到脚趾，对降低血压、保健心脏非常重要。

• **动作规格**

活动脚踝。

保持小腿、膝盖、大腿压实床面。脚趾缓缓下压，直到脚背完全绷紧（图4-2），稍停一会儿，保持数次缓慢深长的腹式呼吸，再慢慢地勾起脚尖，直到脚踝后侧的跟腱完全拉紧（图4-3）。

▲图4-2　　▲图4-3

注意不要突然用力，保持缓缓用力抻拉。

一上一下为一次，共做9次。

接上式，第9次做完以后，在脚尖尽量回勾、跟腱拉紧的情况下，两脚缓缓向外侧旋转（图4-4），再向前（图4-5）、向里（图4-6）、向上（图4-7），旋转一周。慢慢转动9周以后，反方向再转动9周。然后脚踝放松回正。

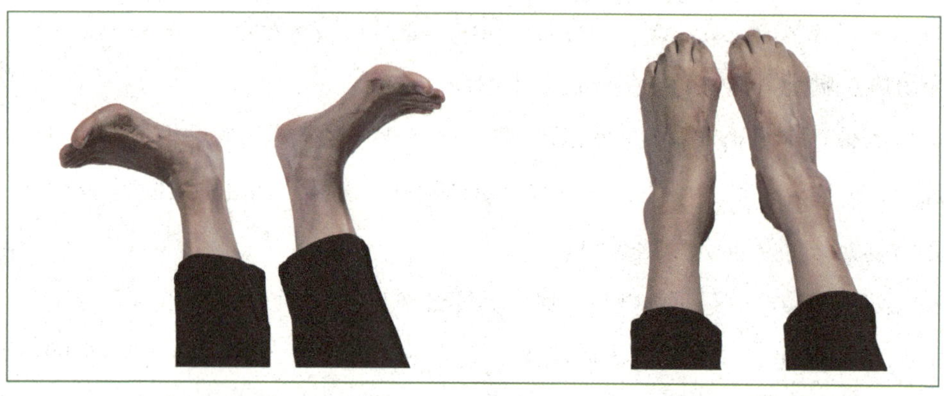

▲ 图4-4　▲ 图4-5

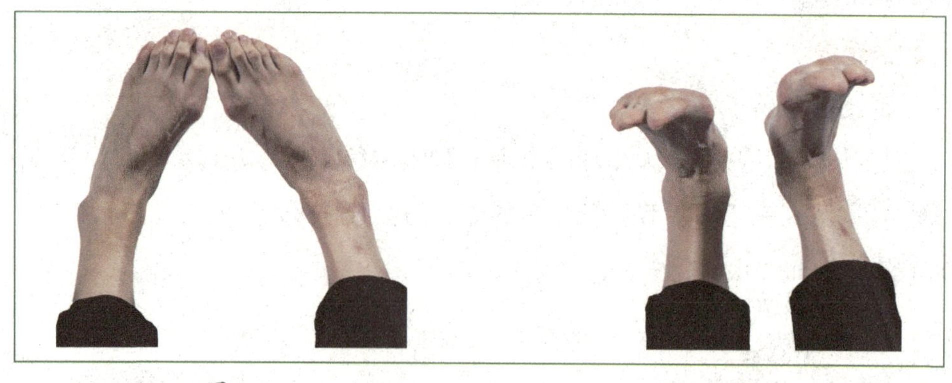

▲ 图4-6　▲ 图4-7

接下来活动脚趾。

我们会用手指做“石头、剪刀、布”，现在我们用脚趾来做“石头、剪刀、布”。

“石头”：5个脚趾并拢、弯曲［图4-8、图4-8（侧）］。

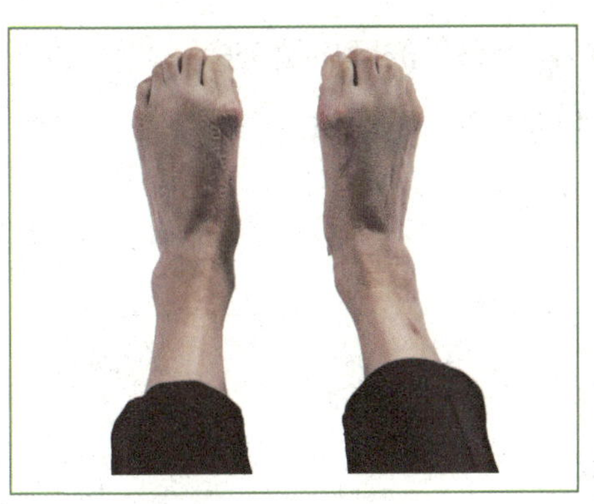

▲图4-8

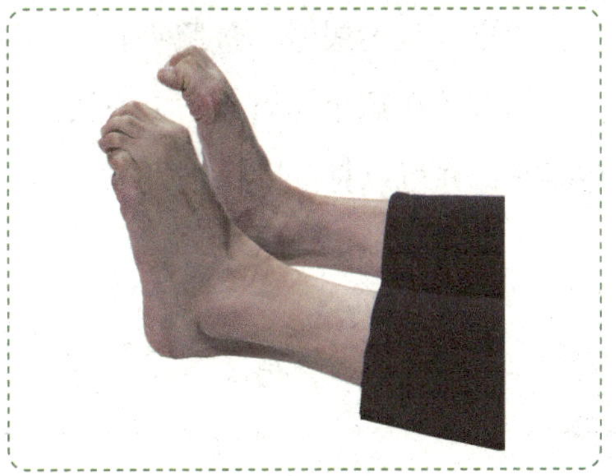

▲图4-8（侧）

“剪刀”：大脚趾伸直，其余脚趾不动［图4-9、图4-9（侧）］。

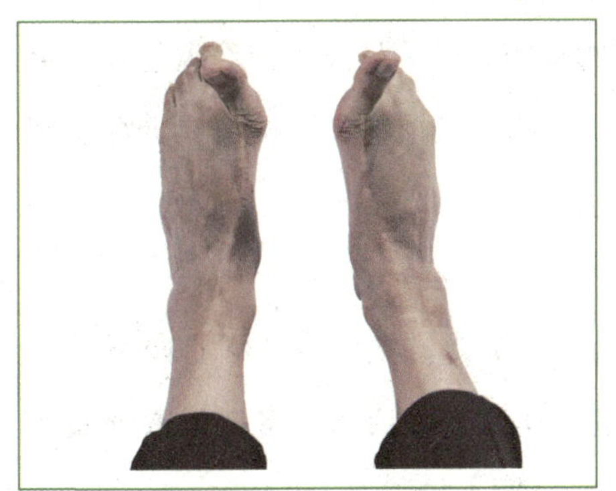

▲图4-9

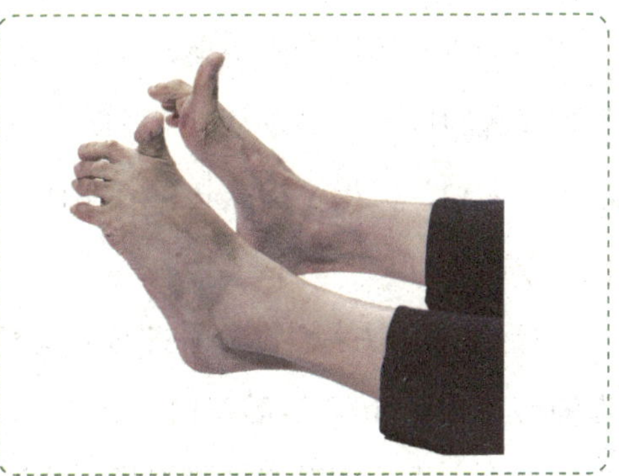

▲图4-9（侧）

“布”：5个脚趾全部伸直、张开［图4-10、图4-10（侧）］。

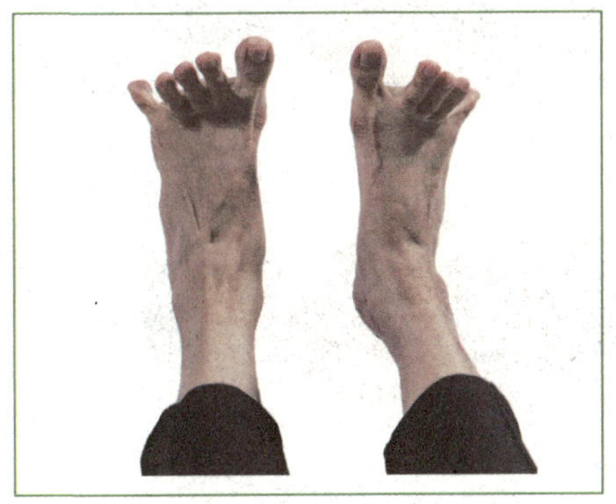

▲图4-10

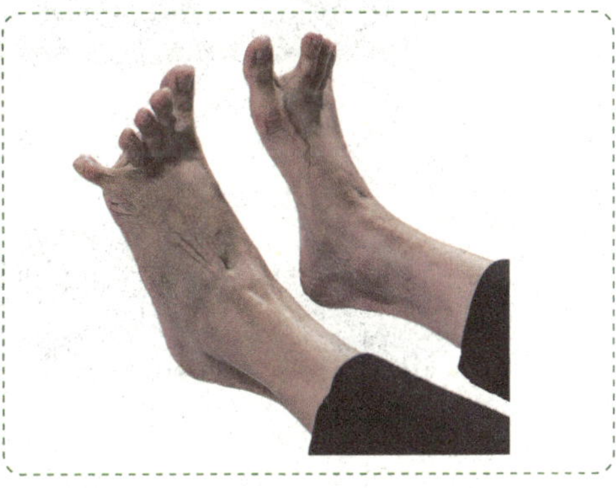

▲图4-10（侧）

速度要均匀缓慢，按照“石头”“剪刀”“布”的顺序做9遍。

刚开始做这个练习会不太习惯，脚趾可能活动不自如，坚持练习会越来越顺畅，并可以打乱顺序进行练习。

第二式　旋腕绕指

• 功理作用

人衰老的时候，不光会“步履蹒跚”，还容易“手发抖”，手指渐渐不听使唤，做不好一些精细的工作，如写字、使用筷子等。

练习本式可以增强手指、腕部和前臂的肌肉力量，从而起到稳固前臂、手掌和手腕的作用；本练习还可以促进手指、手腕的气血循环，使血液更容易到达手指末梢，保持手指温暖、有弹性、有力量。

• 动作规格

接上式。双手慢慢分开并放在身体两侧，手臂自然伸直，掌心向下，手指伸展（图4-11），然后弯曲手指紧握成拳，注意先收拇指，将拇指置于无名指的指根，再弯曲四指握紧拇指，成握固拳（图4-12）。

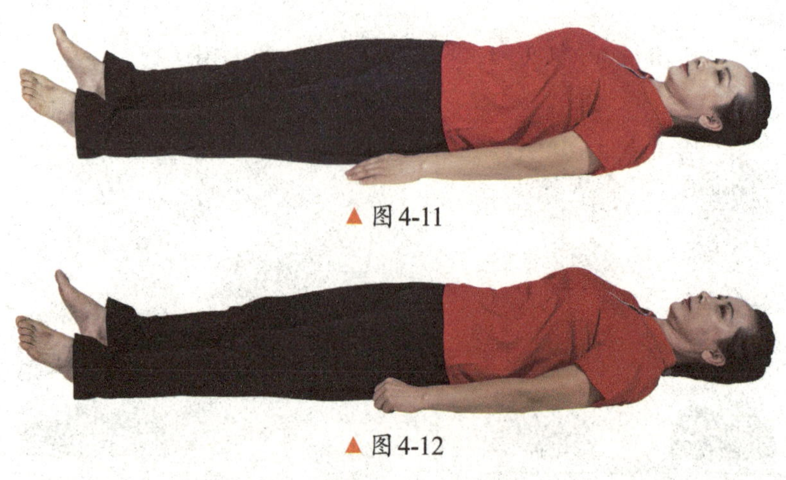

▲ 图4-11

▲ 图4-12

吸气时，双手慢慢用力成握固拳，然后保持一次呼吸，再随着呼气慢慢松开手指。

一握一松为一次，共做9次。

做完9次后，再成握固拳，然后旋转手腕：手腕向上（图4-13）、向外（图4-14）、向下（图4-15）、向里（图4-16）、再向上旋转9圈，然后反方向旋转9圈。做完以后，手腕放平，松开手指。

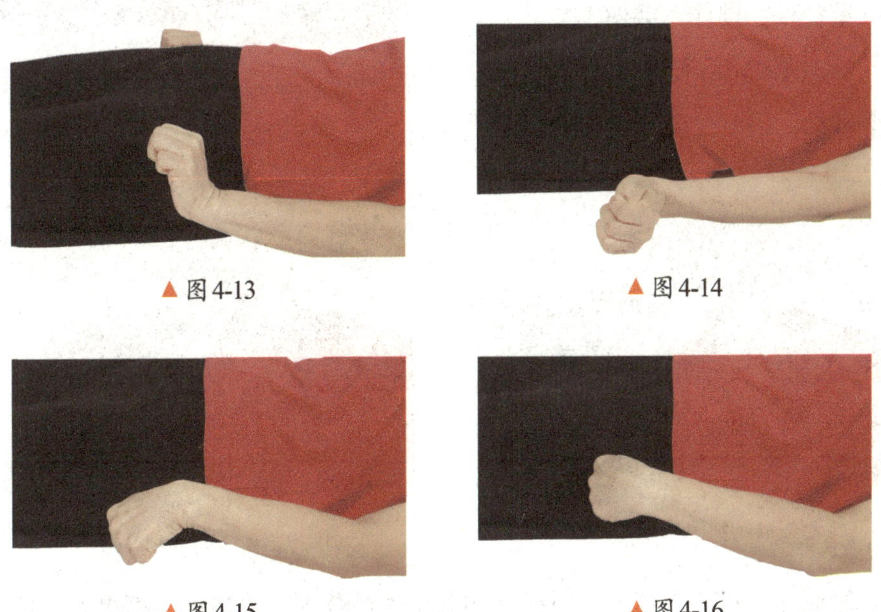

▲ 图4-13

▲ 图4-14

▲ 图4-15

▲ 图4-16

第三式　熨目鸣鼓

• 功理作用

眼睛是心灵的窗户，我们经常用“顾盼生姿”来形容一个人美妙的姿态。眼睛明亮有神象征人精神饱满、精力充沛。中医认为“五脏六腑之精气，皆上注于目而为之精”。所以保养眼睛就是在保养我们的五脏六腑。

• 动作规格

接上式。慢慢提起两手放在胸前，掌心相对，快速摩擦（图4-17），把

掌心搓热之后，迅速把手掌扣成一个弧形（图4-18），中间稍空，盖在眼睛上（图4-19），注意不要用手掌压住眼睛，利用手掌心的热力温暖双眼，保持3次呼吸后松开，双手收到胸前合掌。

重复以上动作，共做3次。

第3次做完后慢慢睁开双眼，凝视一个目标，稍停一会儿，再轻轻闭上。

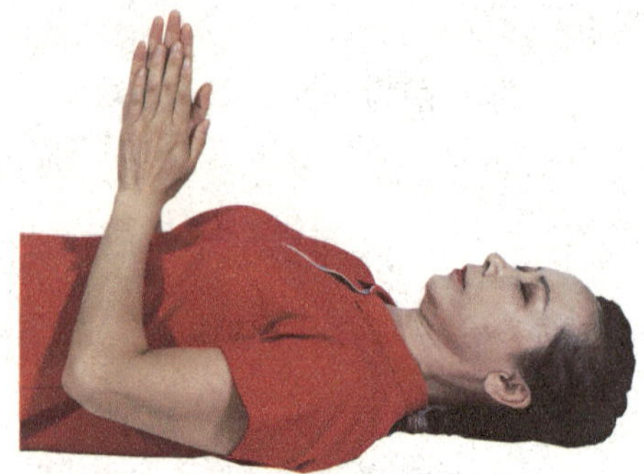

▲图4-17

▲图4-18

▲图4-19

然后分开双手，屈指，用拇指和食指揉搓耳垂，边揉搓边稍用力下拉耳垂（图4-20），共做9次。

接着用拇指和食指揉搓耳轮，从耳尖向耳垂方向揉搓，边揉搓边稍用力下拉（图4-21），共做9次。

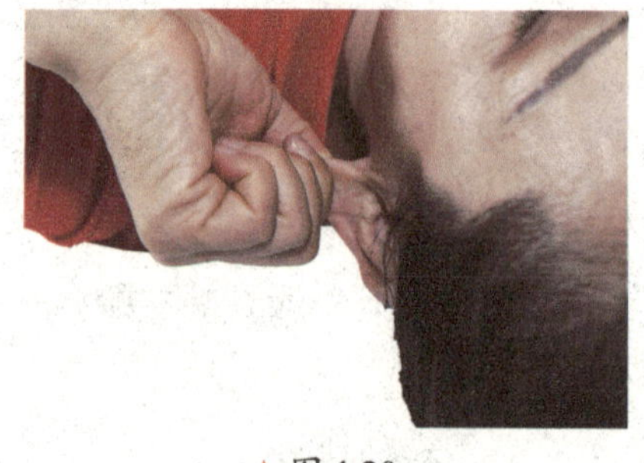

▲图4-20

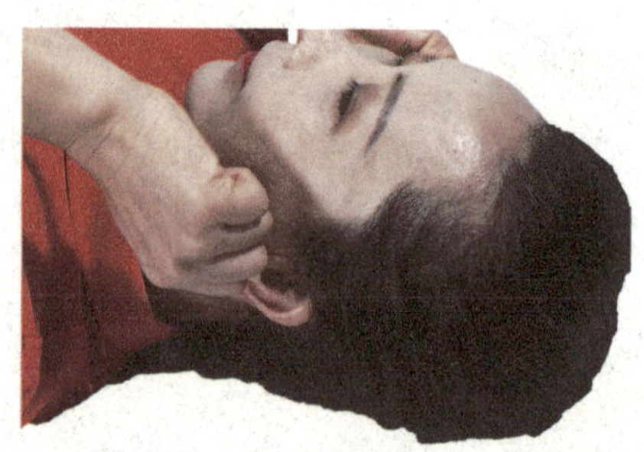

▲图4-21

第9次做完以后，将中指塞进耳孔，牙齿叩击（图4-22），注意叩击的部位是两侧槽牙，要略带咬劲，同时保持嘴唇轻闭，共叩击36次，然后拔出中指。

▲图4-22

最后用掌心捂住耳朵，两肘向内夹，十指贴在头部两侧（图4-23），先把食指搭在中指指背上，然后稍用力弹下，用食指敲击头部（图4-24、图4-25），这叫作“鸣天鼓”，共做24次。

做完以后，两手收到胸前合掌。

▲图4-23

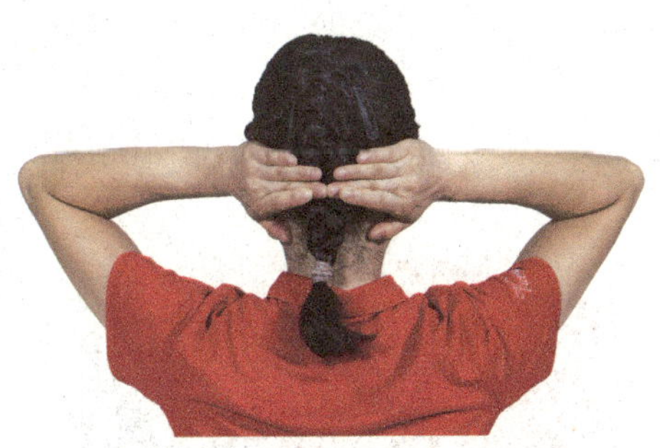
▲图4-24

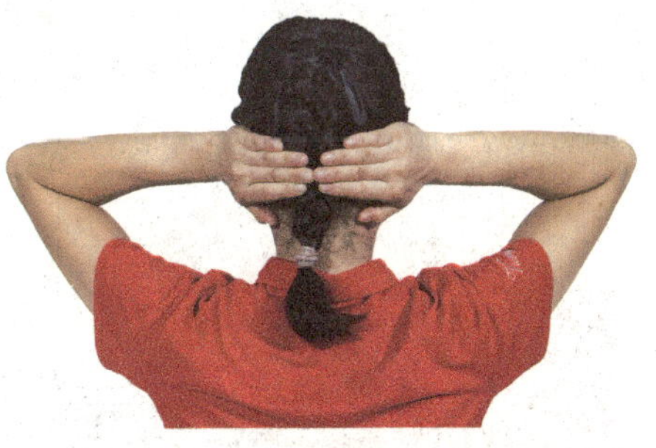
▲图4-25

第四式　浴面梳头

• 功理作用

干浴面可以促进面部血液循环，具有减皱美容、抵御风寒的效果，可以预防和缓解牙龈炎、皮肤干燥瘙痒等问题。

干梳头可以促进头皮部位的血液循环，使头部神经得到舒展和放松，有利于中枢神经的调节、改善和增强头皮及脑细胞的血氧供应。

• 动作规格

接上式。将掌心搓热（图4-26），双手从额头开始，逐渐向外、向下揉搓（图4-27），经过面颊、鼻翼两侧、下巴再回到额头（图4-28、图4-29、图4-30）。

一下一上为一遍，共做9遍。

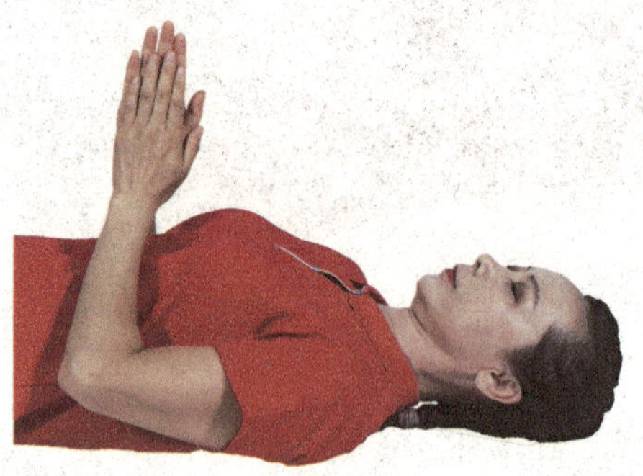

▲ 图4-26

▲ 图4-27

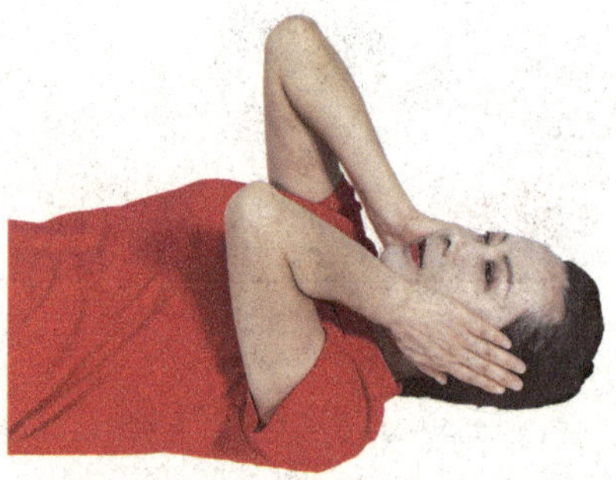

▲ 图4-28

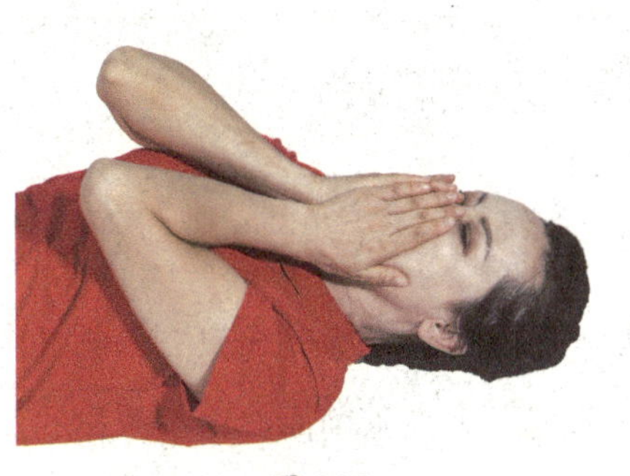

▲图4-29

▲图4-30

接上式。十指稍分开，贴紧头部，从头顶往下梳头。注意用10个手指的指腹发力按摩头皮（图4-31、图4-32）。

从上到下为一遍，共做9遍。

▲图4-31

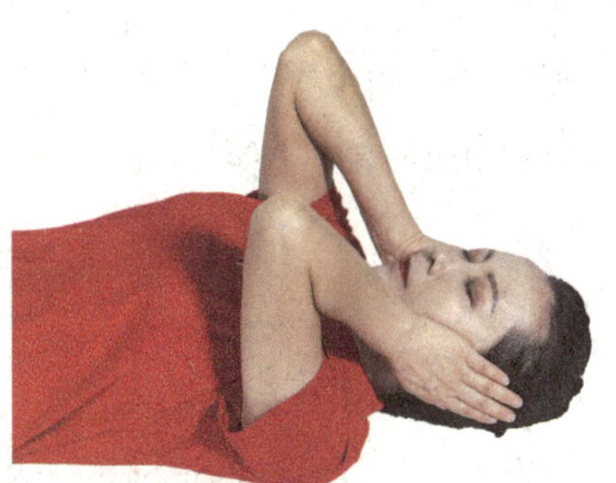
▲图4-32

最后一次做完，两手从脖颈处顺势收至胸前，两手掌心向下，上下重叠置于胸口（任意一手在下），下面手的掌根落在胸口正中（图4-33）。

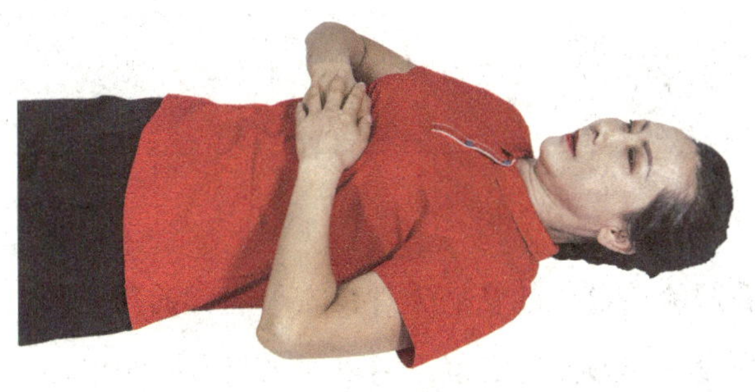
▲图4-33

第五式 抚膺环绕

• 功理作用

“抚膺”的字面意思是抚按胸口，实际上指的是“抚按胸腺”。胸腺位于胸骨柄后方的前纵隔上部，腺体后面附于心包及大血管前面，由不对称的左、右两叶构成。

胸腺是人体重要的免疫器官，人疲惫或心情低落的时候容易生病，就是因为这时人的免疫力处于一个比较低的水平，所以人体的本能就出来了——抚膺（抚按胸腺）。

• 动作规格

接上式，两个手掌一起用力，以胸口正中为圆心缓慢地逆时针转动9圈，再顺时针转动9圈（图4-34）。

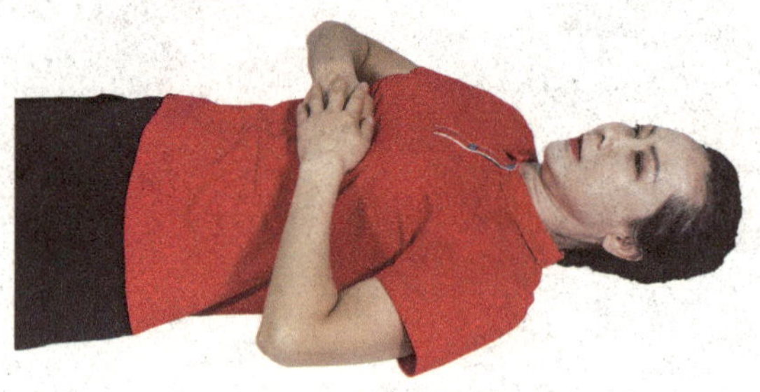

▲ 图4-34

第六式 腹部九转

• 功理作用

摩腹是在我国流传已久的祛病强身良方。唐代的药王孙思邈以“食后行百步，常以手摩腹”作为养生之道。南宋著名诗人陆游曾写下“解衣摩腹西窗下，莫怪人嘲作饭囊”“解衣许我闲摩腹，又作幽窗梦一回”“四廊摩腹行”

"徐行摩腹出荆扉"等诗句。陆游深谙摩腹养生之道，尽管一生坎坷，仍得以高龄而寿终。

从现代医学角度看，摩腹可直接按揉牵拉内脏，特别能促进胃肠的血液循环，刺激胃肠和肠系膜上的神经感受器，增强胃肠蠕动功能，促进胃液、胆汁、胰液和小肠液的分泌，增强胃肠对食物的消化和吸收作用。如果胃肠的运动和分泌功能过强，摩腹可以通过神经反射等调节交感神经的兴奋度，使其运动和分泌功能维持正常。

• 动作规格

接上式。两掌保持相叠的姿势下移至胃脘部（心窝至肚脐间），以下面手掌的大鱼际部位为着力点，在胃脘部先逆时针、后顺时针各揉按9圈（图4-35）。

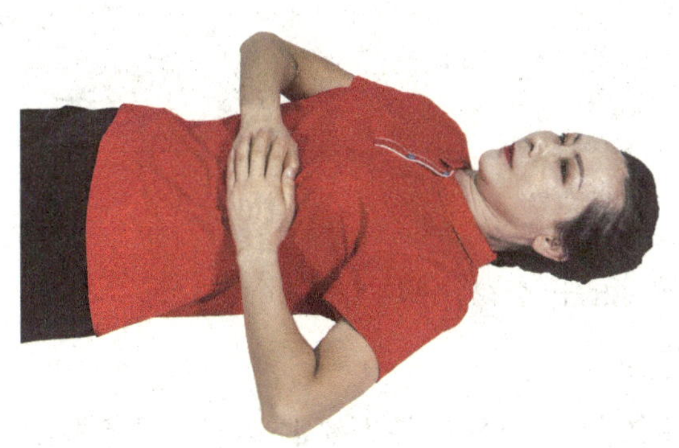

▲图4-35

然后扩大范围继续揉按，上面到胸口剑突，下面到肚脐，两侧到肋骨下缘，按照先逆时针、后顺时针的顺序各揉按9圈（图4-36、图4-37、图4-38）。

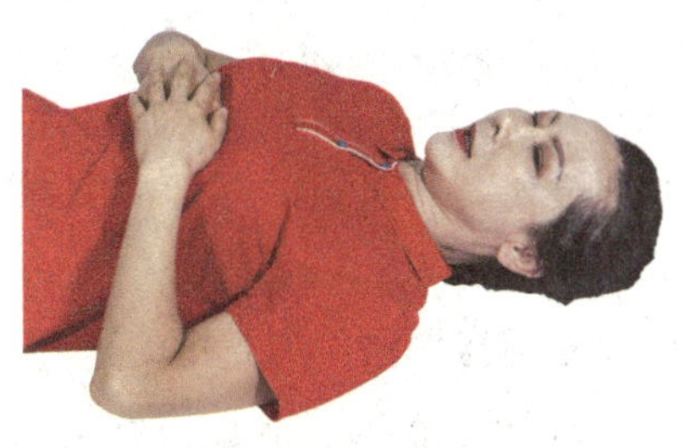

▲图4-36

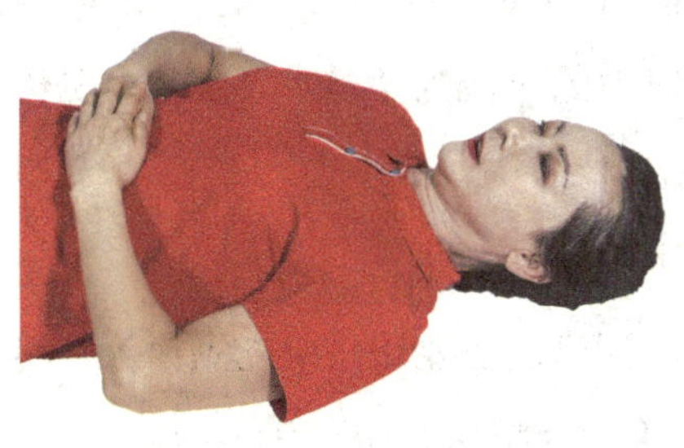

▲图4-37

再把手掌下移到肚脐上，下面手掌覆盖肚脐，以手掌为着力点，在肚脐上先逆时针、后顺时针各揉按9圈（图4-39）。

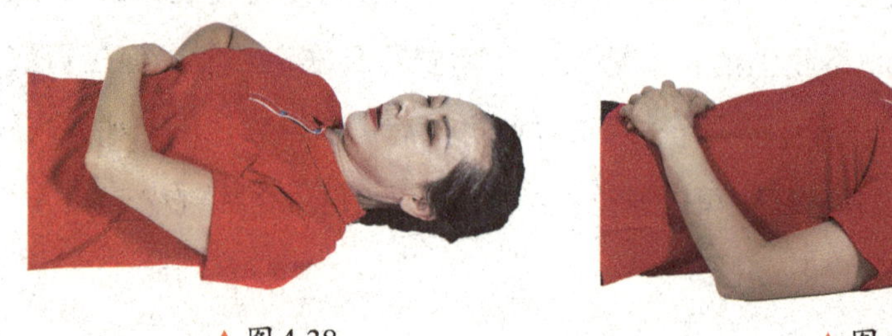

▲ 图4-38　　▲ 图4-39

注意揉按时用力应缓慢、持续，两手一起用力。

第七式　搅海咽津

• 功理作用

乾隆皇帝曾把他的长寿秘诀归纳为16个字，即“吐纳肺腑，活动筋骨，十常四勿，适时进补”。

所谓“十常四勿”，就是有10件事要常做、4件事不要做。“十常”是“齿常叩，津常咽，耳常弹，鼻常揉，睛常运，面常搓，足常摩，腹常施，肢常伸，肛常提”；“四勿”是“食勿言，卧勿语，饮勿醉，色勿迷”。

所谓“津常咽”就是“常咽津”，经常把津液咽入口中。仓颉造字，把“水”和“舌”组合在一起，变成“活”字。人要“活”，必有水。所以古人称口中的津液为“琼浆玉液”，现代科学也证明，口中津液具有消炎、杀菌等作用。

• 动作规格

咽津之前要让口中充满津液，可以用“赤龙搅海”法。赤龙指的是舌头，“搅海”时嘴唇轻闭、牙齿微开，舌头在牙齿内侧先逆时针、后顺时针方向各转动9圈，再把舌头放在牙齿外侧，按先逆时针、后顺时针的方向各转动9圈。

然后将口中产生的津液分3次慢慢咽入腹中。

如果在“搅海”过程中口中就充满了津液，则先分3口咽入腹中，再继续搅动。

第八式　意通任督

• 功理作用

中医中，任督指的是“任脉”和“督脉”，任脉行于腹面正中线，能总任一身之阴经，故称“阴脉之海”；督脉行于背部正中，能总督一身之阳经，故称为“阳脉之海”。

任脉和督脉都起自小腹，并向下到前、后阴之间，督脉向后沿着背部正中向上到头顶，再从头顶沿着面部正中下行到唇系带与上齿龈的相接处；任脉则向前沿着腹部正中上行到下唇内，环绕嘴唇，和唇系带与上齿龈的相接处交汇。

任脉和督脉在口腔里断开了，需要“舌抵上腭”把它们联通在一起。

• 动作规格

舌抵上腭，要求是唇齿轻轻闭合，舌尖及舌面前部自然贴在上齿根处，即舌尖轻轻顶在上齿与牙龈之间。

双手上下相叠轻轻放在肚脐上，意念配合呼吸（图4-40）。

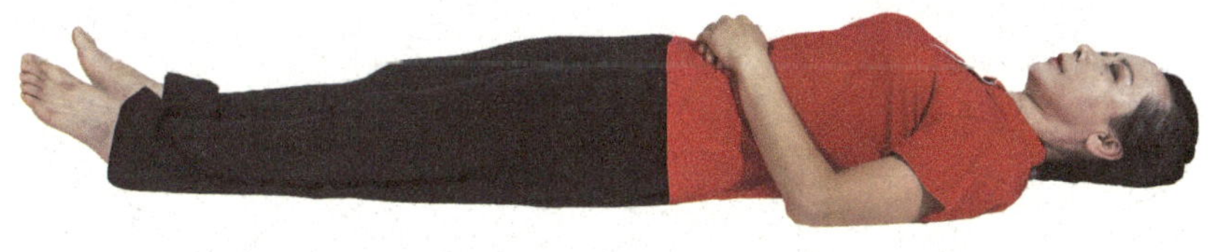

▲ 图4-40

如采用逆腹式呼吸法，吸气时腹部内收，略提肛门向上，意想人体元气从小腹内向下、向后，沿督脉上行、从头顶下落至唇系带与上齿龈的相接处；

呼气时腹部放松还原，前、后阴之间也放松，意想元气沿任脉从唇系带与上齿龈的相接处下降，归于小腹内。

如采用顺腹式呼吸法，吸气鼓腹，意想全身之气由肚脐发散到四肢百骸，吸气收腹，气回归到肚脐。

一呼一吸为一次，进行9次。

收式——调息调心、身心平静

• 动作规格

双手保持不动，轻闭双眼，意想肚脐垂直向下3寸处，有一个小丸悬在小腹内，用意念内视小丸，并保持9次呼吸。

注意，如果是早上练习，练习结束后可以慢慢睁开双眼，轻轻活动一下手腕、脚踝，慢慢从仰卧姿势向右转动变成右侧卧，再慢慢坐起来，然后下床。

如果是晚上练习，可以增加收式的呼吸练习次数，以一念代万念，把注意力集中在小丸上，全身放松，并慢慢进入睡眠状态。

第五章

坐式八段锦

坐式八段锦适合办公室久坐人群、体质虚弱者，或者受到场地限制、不方便进行较大幅度练习者练习。

坐式八段锦吸取了站式八段锦和道家八段锦的精华，从增强体质、活动关节、增强肌肉力量、提升心脑血管机能和脏腑功能等角度出发，本着简便易行、安全高效的原则，全面增强练习者的身心素质。

在坐式八段锦练习中，建议采用“逆腹式呼吸法”，动作和呼吸的配合原则是“起吸落呼、开吸合呼、蓄（劲）吸发（劲）呼”。

预备式——调身调息、松静自然

- **动作规格**

端坐在椅子上，两脚分开，与肩同宽，两脚平放在地面上，膝盖朝向正前方，坐在椅子前半部，臀部压实椅面，收腹，伸直背部，两肩下沉，双手掌心向下平放在大腿上，下颌内收，平视，头顶有上顶之意（图5-1）。

- **呼吸要求**

采用逆腹式呼吸，随着吸气，感觉脊柱从尾骨开始向头顶伸展；随着呼吸，感觉双肩和臀部下沉。

随着吸气，腹部内收；随着呼气，腹部外鼓。

把注意力集中在腹部，感受呼吸时，腹部的一起一落。

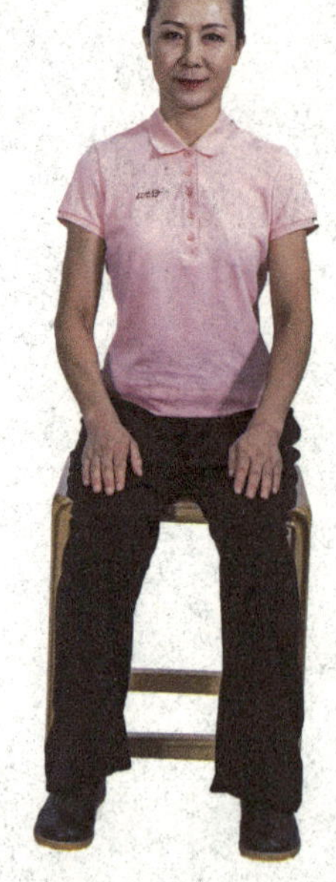

▲ 图5-1

第一式　两手托天

- 动作规格

▲ 图 5-2

动作一

接上式。随着吸气，两臂外旋，两肘自然伸直，手指指向斜下方，腋下约成45°，掌心向后（图 5-2）。

动作二

在吸气结束、自然屏息时，转掌心向前（图 5-3）。

▲ 图 5-3

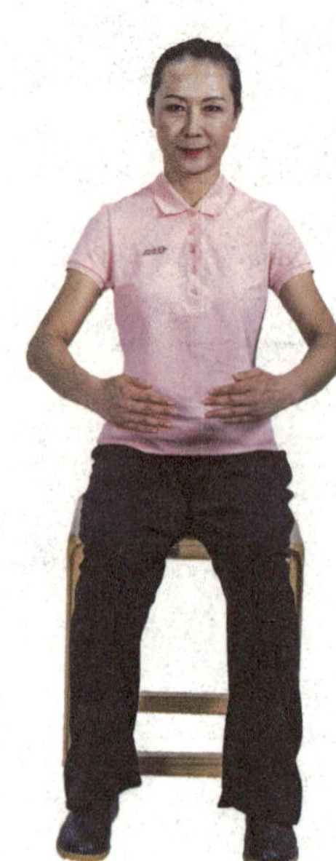

动作三

随着呼气，两手合抱于腹前，手指放平，十指相对，两掌心中间的位置与肚脐成等边三角形（图5-4）。

▲ 图5-4

动作四

保持均匀缓慢的呼吸一到十次，最后一次呼气后，两手下落靠近身体，掌心向上，十指相触，接着十指交叉（图5-5）。

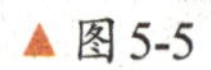

▲ 图5-5

动作五

随着吸气，屈肘向上，提到与胸口同高时（图5-6），翻掌转手，继续往上举，保持掌心向上，眼睛跟着手走，目视手背。两臂伸直的时候，手掌在额头斜上方，抬头目视手背（图5-7）。

▲ 图5-6　▲ 图5-7

▲图5-8　▲图5-9

动作六

手臂继续往后拉，拉到与上身在一个平面上；同时下颌内收，头部摆正，使手臂和头往相反方向运动（图5-8）。同时左脚前放，勾脚，伸直左腿（图5-9）。

动作七

随着呼气，两手分开，与肩同宽，转掌心向前，同时左脚由屈变伸，脚掌压实地面（图5-10）。

▲图5-10

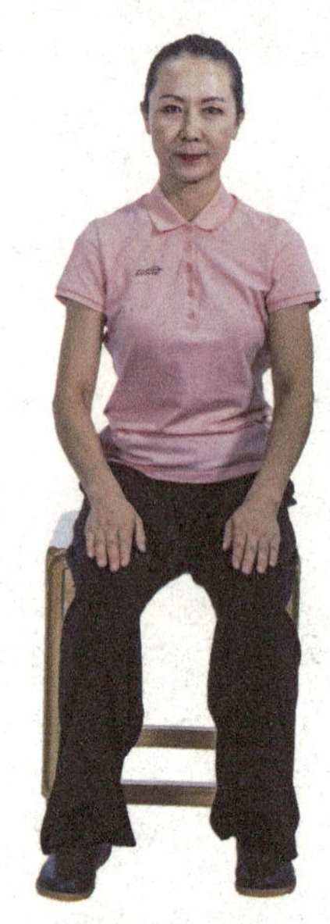

▲ 图 5-11

动作八

屈肘、沉肩、落手，两手下落至大腿上；同时屈膝，左脚收回（图 5-11）。

右侧动作与左侧相同，唯方向相反（图 5-12～图 5-18）。

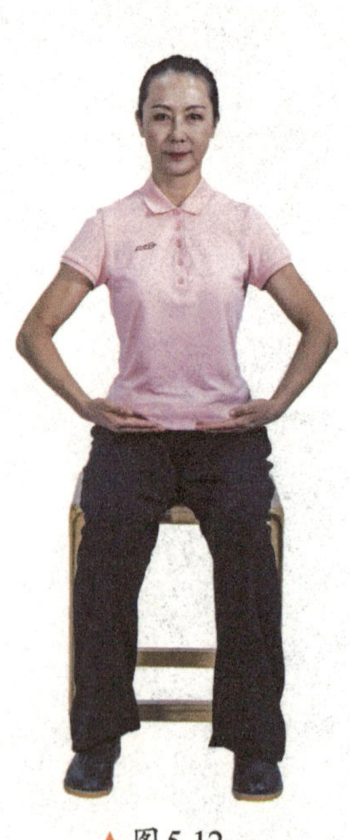

▲ 图 5-12

▲ 图 5-13

▲ 图 5-14

▲ 图5-15　▲ 图5-16　▲ 图5-17　▲ 图5-18

本式动作一左一右为一遍，共做3遍。

• 呼吸要求

动作五在手臂上举的时候，如果气够长就一直吸气；如果不够就自然呼吸，使呼吸和上举的动作配合起来就行。

动作六手臂后拉、头部摆正时，应保持不吸气也不呼气的“屏息”状态。

• 功理作用

本式动作可以充分拉长躯干、上肢和下肢各关节周围的肌肉、韧带及关节软组织，使其伸展性增强，提高关节的灵活性，对于防治肩部疾患具有良好的作用。

在动作完成过程中，肩关节周围的三角肌和颈背部的斜方肌、肩胛提肌可得到适度刺激，有利于预防颈椎病。

两手交叉上举，可最大限度地增加胸廓容积，使肺的吸入空气量、胸腔

的负压和大静脉回心血量增加，心脏泵血功能加强，促进血液循环。

动作配合逆腹式呼吸，可以使膈肌下降幅度加大，对腹腔内器官的按摩、挤压能力增强，改善腹腔内器官的血液循环等生理功能。

第二式　左右开弓

• **动作规格**

▲ 图5-19　　▲ 图5-20

动作一

接上式。随着吸气，两手上抬至胸前交叉，左手在外、右手在内，掌心向里、手指斜向上（图5-19）。然后，左手转掌心向外变成“八字掌”，右手五指弯曲第一二指节、五指并拢成“拉弦”状的“虎爪”（图5-20）。

八字掌，就是把拇指和食指尽量打开，其余三指用力扣起来。做八字掌的时候，立腕，手掌要尽量往后撑，使手腕和手臂形成90°的垂直角，要充分感受到手臂内侧的抻拉；同时，食指和拇指伸直后撑，其余三指扣紧。

虎爪，即5个手指并拢弯曲，模仿“拉弦”的动作。

动作二

随着呼气，左臂伸直，左手立掌向左侧推出，掌心向外，同时向左转头，目视左手；右臂屈肘，掌心向里，右肘向右侧顶出，右手置于右肩前；同时，勾左脚，伸直左腿并尽量上抬至与地面平行［图 5-21、图 5-21（侧）］。

▲ 图 5-21

▲ 图 5-21（侧）

▲ 图 5-22

▲ 图 5-22（侧）

动作三

两手放松成自然掌，随着吸气，双手前收至体前，掌心向下，与肩同宽，左腿保持不动［图 5-22、图 5-22（侧）］。

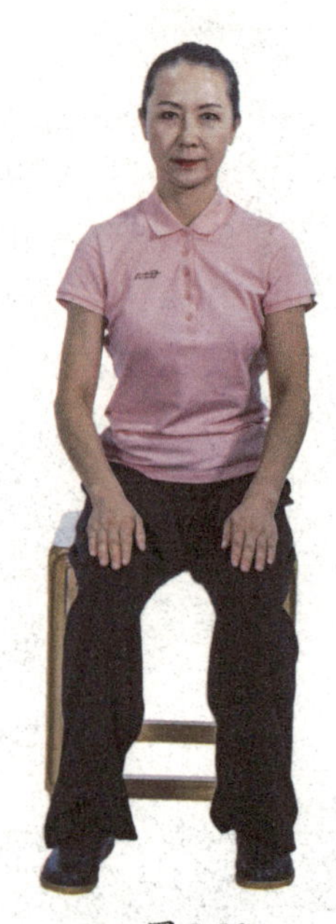

▲ 图 5-23

动作四

随着呼气，落脚落手，两手落在大腿上，左膝弯曲、左脚落在原来位置（图 5-23）。

动作五至动作八同动作一至动作四，唯方向相反（图 5-24～图 5-28）。本式动作一左一右为一遍，共做 3 遍。

▲ 图 5-24　▲ 图 5-25　▲ 图 5-26

功理作用

做虎爪时手指收紧，然后再放松变成自然掌，一紧一松，可以促进气血的循环。

本式动作能有效发展上、下肢肌肉力量，可以使上臂的肱二头肌及三角肌的力量得到有效锻炼，增强前臂和手部肌肉的力量，提升手腕关节及指关节的灵活性，改善颈部血液循环和肢体末梢的微循环，预防肩颈疾病。

▲ 图 5-27

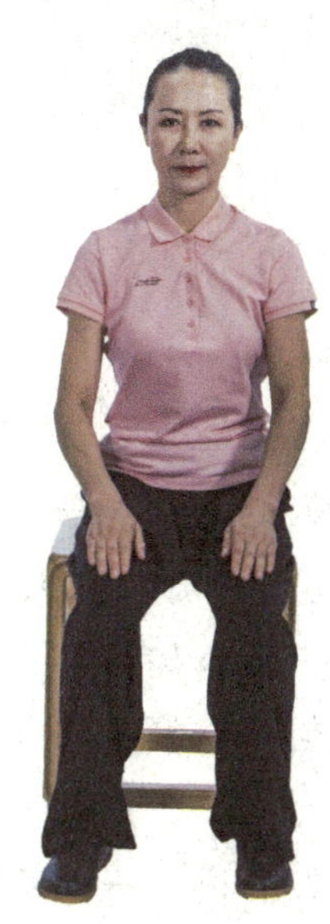

▲ 图 5-28

第三式 单举理脾

动作规格

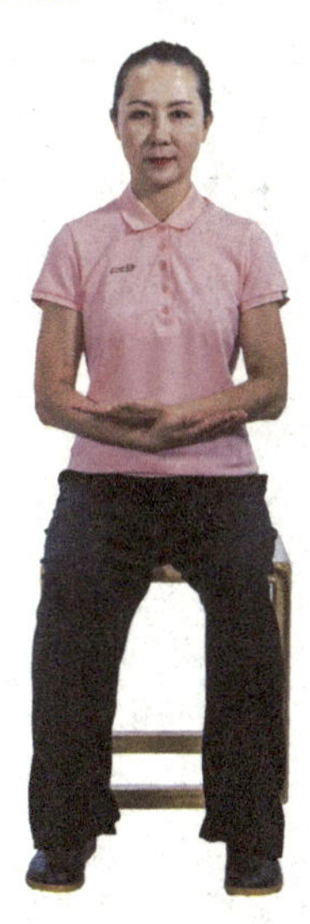

▲ 图 5-29

动作一

接上式。两手边上抬边转掌心向上，于腹前手腕交叉，手指和掌心均斜向上，左手在上、右手在下（图 5-29）。

动作二

吸气，左手沿身体中线向上穿掌，手指斜向上、掌心向里，经过面部翻转掌心向上至手臂伸直，手掌置于头部斜上方，手指向右、掌心向上；同时右手翻掌下按，手臂向下伸，掌心向下，手指指向前方；保持平视（图5-30、图5-31）。

▲图5-30　▲图5-31

▲图5-32

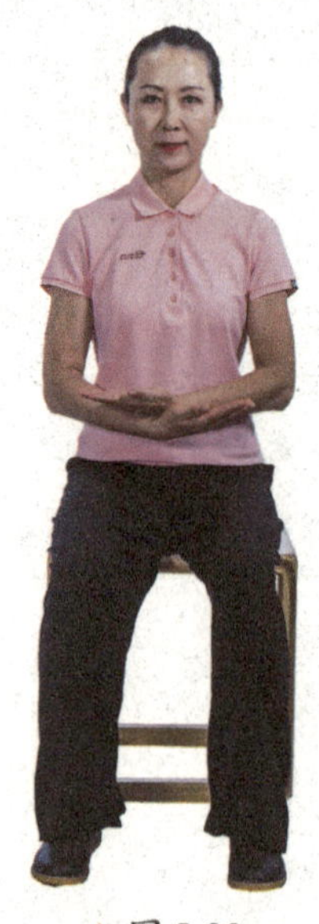

▲图5-33

动作三

随着呼气，两手原路返回至腹前交叉（图5-32、图5-33）。

▲ 图 5-34

动作四

两手分开放在大腿上（图 5-34）。

动作五至动作八同动作一至动作四，唯方向相反（图 5-35~ 图 5-40）。

▲ 图 5-35

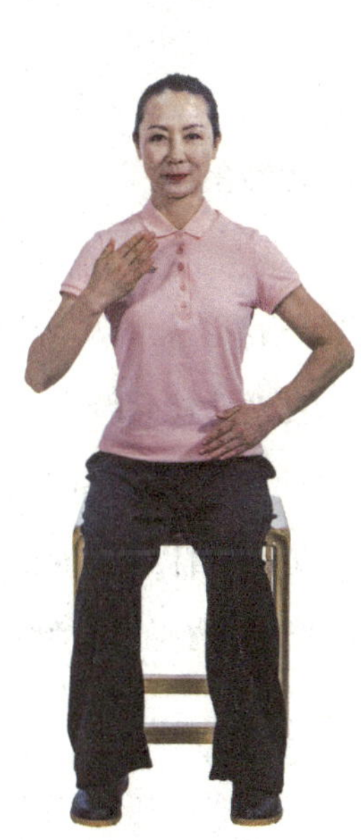

▲ 图 5-36

▲ 图 5-37

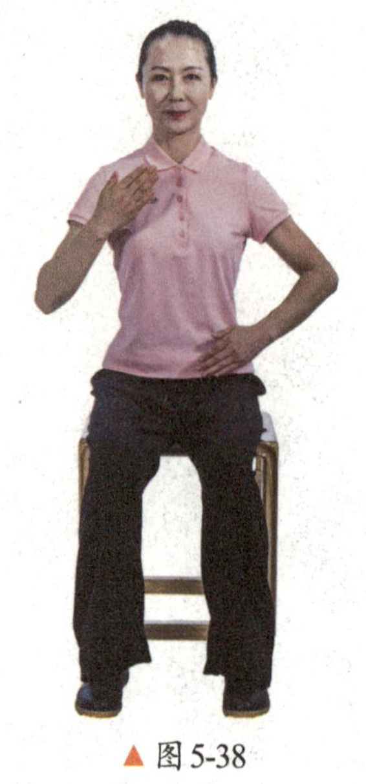

▲ 图 5-38

▲ 图 5-39

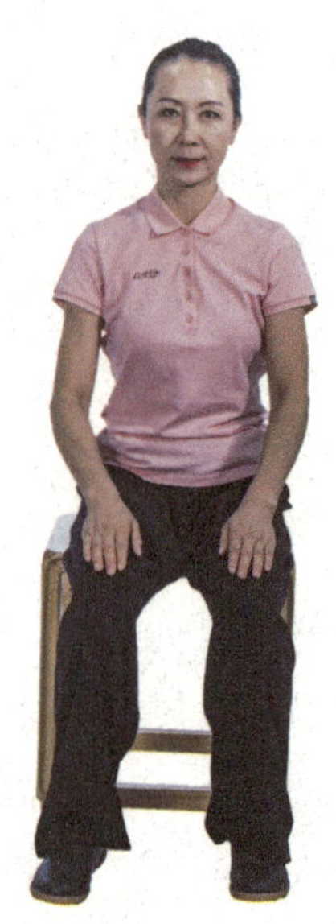

▲ 图 5-40

本式动作一左一右为一遍，共做3遍。

• 功理作用

本式动作中的“脾”不是指解剖学上的“脾脏”，而是中医学中所讲的“脾”，基本上指的是现代医学中的“消化系统”。

本式动作通过左右手臂一紧一松的静力牵张，在上下对拉中牵拉腹腔，可以对消化系统起到按摩作用，促进胆汁、胃液的分泌，还可以使脊柱内各椎骨间的关节及肌肉得到锻炼，增强脊柱的灵活性与稳定性，预防和治疗肩颈疾病。

第四式　扩胸后瞧

• 动作规格

▲ 图 5-41

动作一

接上式。两手握固（屈拇指，拇指指尖放在无名指指根，其余四指紧握住拇指，这个手型叫作“握固”）（图 5-41）。

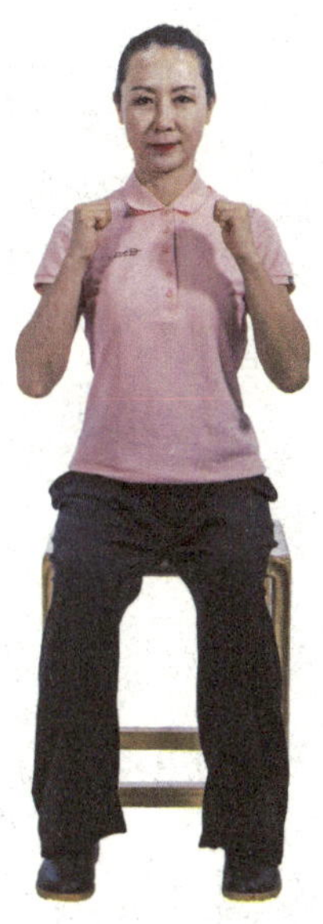

▲ 图 5-42

动作二

屈肘上提，两拳置于肩前，拳心相对（图 5-42）。

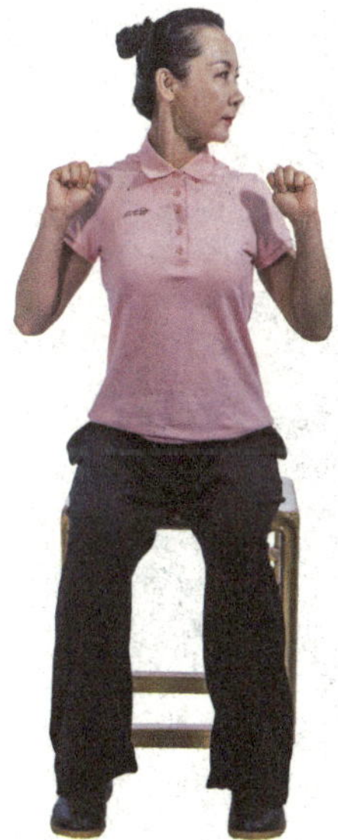

▲ 图 5-43

动作三

随着吸气，两个肩胛骨向中间靠拢，带动两臂向两侧展开，至拳心翻转向前、肩胛骨靠拢，双肩向两侧打开；同时向左侧转头，平转 90°（图 5-43）。

动作四

随着呼气，两个肩胛骨向两侧打开，手臂翻转向中间靠拢，至两前臂和手背并拢；同时头转正，平视（图5-44）。

▲ 图5-44

动作五至动作六同动作三至动作四，唯方向相反（图5-45、图5-46）。

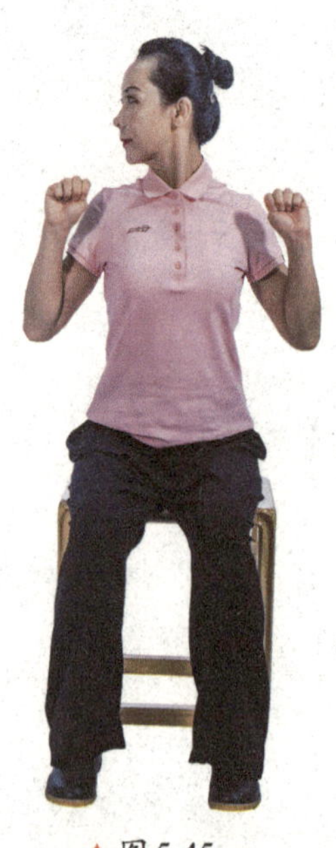

▲ 图5-45

▲ 图5-46

动作七

两拳置于肩前，拳心相对（图5-47）。

动作八

松拳变掌，双手落在大腿上（图5-48）。

▲图5-47

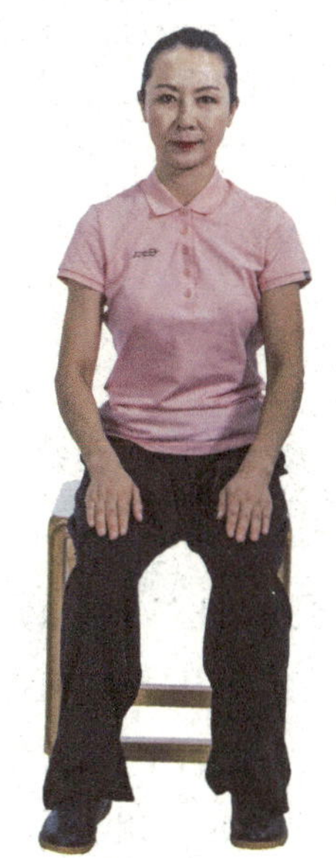

▲图5-48

本式动作一左一右（动作一至动作八）为一遍，共做3遍。

- **功理作用**

握固，这个词出自老子写的《道德经》第五十五章，老子在这一章里描绘了初生婴儿的种种状态，其中写到初生的婴儿“骨弱筋柔而握固”。意思是说，初生的婴儿筋骨很柔弱，但是小拳头握得牢，拽都拽不开。从此，这种手形就有了一个专有名词——握固。

本式动作通过肩胛和手臂外旋扭转的牵张作用，扩张和牵拉胸腔、腹腔内诸脏腑，活动背部肌群。

久坐及缺乏运动容易造成背部脂肪堆积，加重脊柱负担，导致脊柱变形，进而压迫五脏六腑，容易形成椎间盘突出和骨质增生，80%的慢性疾病都与脊椎变形有关。

活动肩胛骨可以使菱形肌、斜方肌等附着在肩胛骨上的肌群得到充分牵拉，增强相关肌群力量、扩大关节活动幅度，防治肩部、颈椎和背部的相关疾病。

第五式　摇头摆尾

• 动作规格

动作一

接上式。吸气，手掌用力下压，同时脊柱用力向上伸展，抬头，目视上方；后背伸直，肩胛骨紧靠在一起，保持1~3次呼吸［图5-49、图5-49（侧）］。

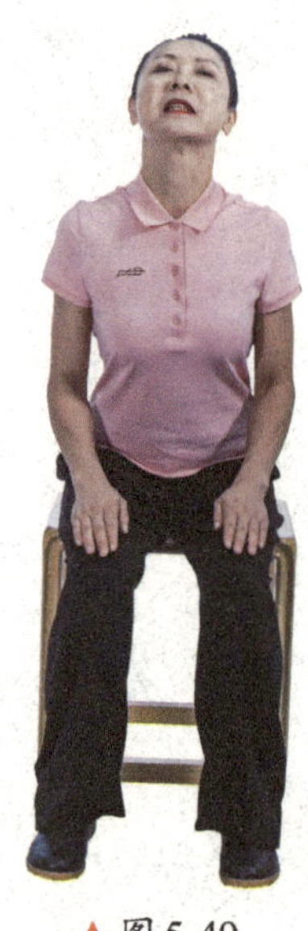

▲图5-49

▲图5-49（侧）

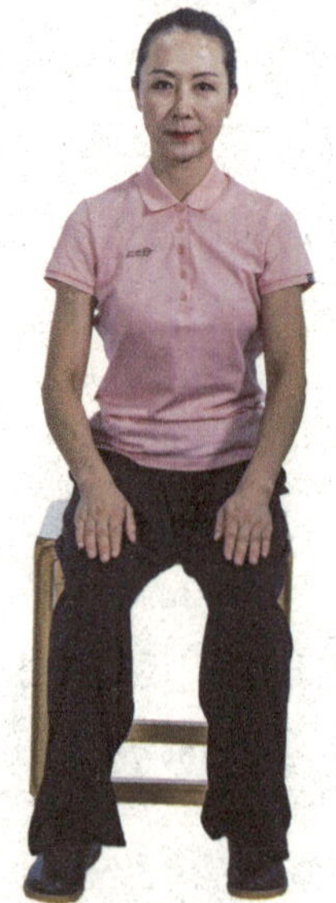

▲图5-50

动作二

呼气，下颌回收，平视，身体放松转正，同时两手放松（图5-50）。

动作三

吸气，翻转掌心向上，两手侧平举（图5-51）。

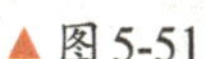

▲图5-51

动作四

随着呼气，屈肘十指交叉抱于脑后，两肘向后、向两侧撑开，两肩下沉［图5-52、图5-52（后）］。

▲图5-52

▲图5-52（后）

动作五

吸气，两肘保持不动，身体左转，转动幅度根据自身情况而定；然后低头下视左臂部，左侧腰部收紧，右侧臂部用力下压、左侧臂部左顶［图 5-53、图 5-53（侧）］。

▲ 图 5-53

▲ 图 5-53（侧）

动作六

随着呼气，身体放松，转正，上身挺直，平视（图 5-54）。

▲ 图 5-54

动作七至动作八同动作五至动作六，唯方向相反［图5-55、图5-55（侧）、图5-56］。

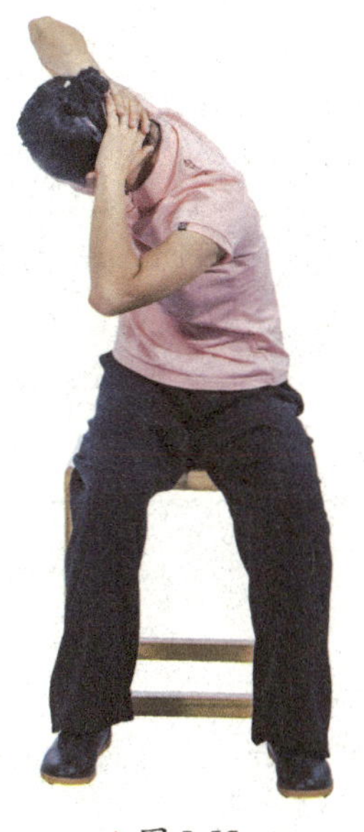

▲图5-55

▲图5-55（侧）

▲图5-56

动作八结束后两手松开，向前、向下落在大腿上（图5-57）。

本式动作一左一右（动作一至动作八）为一遍，共做3遍。

- 功理作用

本式动作中，脊柱的腰段、颈段有较大幅度的侧屈、旋转，可使整个脊柱的头颈段、腰腹及臀、股部肌群参与收缩，既可以提高颈、腰、髋等部位的关节的灵活性，也可以发展这些部位的肌肉力量，使内脏得到按摩，从而使其功能得到改善。

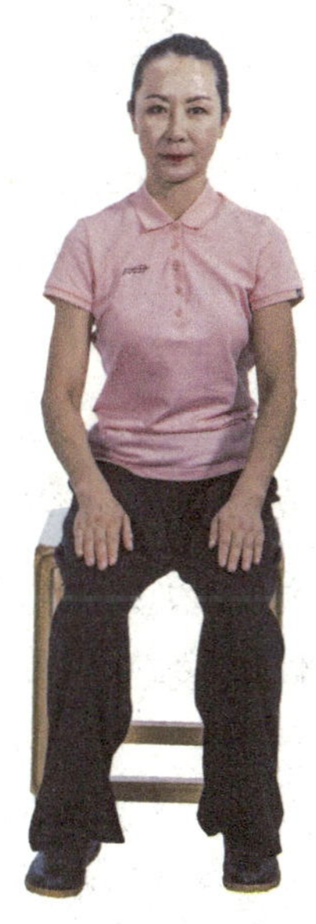

▲图5-57

第六式　两手攀足

• 动作规格

动作一

接上式。右手放在左膝内侧，左手放在左膝外侧；随着吸气，收腹，两手扶膝，伸直左腿，勾左脚［图5-58、图5-59、图5-59（侧）］。

▲图5-58

▲图5-59

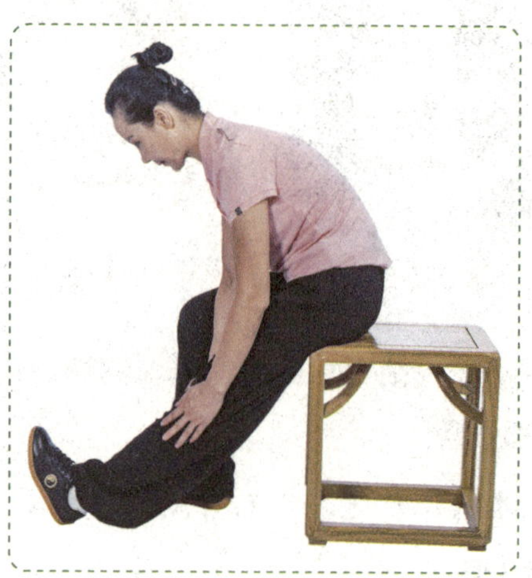

▲图5-59（侧）

动作二

背部伸直，上身前俯，双手随之向前伸展，两肘自然放松，上身尽量贴近左腿；根据自身条件两手可前滑至小腿或脚踝处［图5-60、图5-60（侧）］。

▲图5-60

▲图5-60（侧）

动作三

屈左腿，左脚下落，两手收回（图5-61）。

动作四

随着呼气，身体回正（图5-62）。

▲图5-61

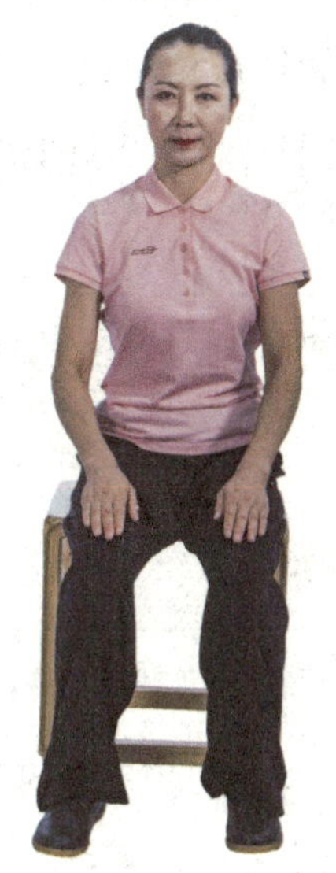

▲图5-62

动作五至动作八同动作一至动作四，唯方向相反（图5-63~图5-67）。

▲图5-63 ▲图5-64 ▲图5-65 ▲图5-65（侧） ▲图5-66 ▲图5-67

本式动作一左一右（动作一至动作八）为一遍，共做3遍。

- **功理作用**

本式动作中，脊柱大幅度前后伸展，可有效发展躯干前、后部肌群的力量与伸展性，尤其是腰腹部肌肉，如腹直肌、腹外斜肌、腹内斜肌以及竖脊肌等，同时对下肢后群肌肉的伸展性也有明显作用，对于腰部的肾、肾上腺、输尿管等器官也有良好的牵拉、按摩作用，能改善其功能。

第七式　怒目冲拳

- **动作规格**

动作一

接上式。两手屈指成握固拳，拇指在内、四指在外，两拳抱于腰侧，拳心向里、拳眼向上，两肘向后，用力向中间夹紧，目光平视前方（图5-68）。

动作二

左拳前冲，拳眼向上，拳面朝前，拳面好像顶着很重的东西，10个脚趾抓地，全身收紧，口腔里两侧槽牙咬紧，睁大眼睛，目光平视前方（图5-69）。

▲ 图5-68

▲ 图5-69

▲图 5-70

动作三

拳面顶到肘关节超出身体后，脚趾放松，手臂放松，眼神放松，手臂慢慢伸直，拧腰顺肩，松拳变掌，拇指向上（图 5-70）。

动作四

内旋转拇指向下，以指带臂，手臂顺势拧转（图 5-71）。

▲图 5-71

动作五

沉肩、坠肘、旋腕，转掌心向上（图 5-72～图 5-76）。

▲图 5-72 ▲图 5-73 ▲图 5-74 ▲图 5-75 ▲图 5-76

▲ 图 5-77　▲ 图 5-78　▲ 图 5-79

动作六

先扣拇指指尖到无名指指根，再从小指开始依次扣四指成握固拳（图 5-77～图 5-79）。

动作七

拳心向上，缓慢屈臂，好像拽着很重的东西向后收，咬紧槽牙、睁大眼睛、目随手走，慢慢转拳眼向上、拳心向右，同时脚趾抓地（图 5-80）。

动作八

肘关节超过身体后，全身放松，目视前方，收拳于腰间（图 5-81）。

▲ 图 5-80

▲ 图 5-81

右侧动作与左侧相同，唯方向相反（图5-82～图5-90）。

▲图5-82　▲图5-83　▲图5-84　▲图5-85

▲图5-86　▲图5-87　▲图5-88　▲图5-89　▲图5-90

本式动作一左一右为一遍，共做3遍。

• 功理作用

本式动作中的十趾抓地、双手冲拳、旋腕抓握等动作，可使全身肌肉、筋脉受到静力牵张刺激，长期练习可使上下肢肌肉结实有力，气力大增。

第八式　叩齿颠足

动作规格

接上式。随着吸气，提起脚后跟［图5-91、图5-91（侧）］；随着呼气，小腿肌肉放松，脚后跟叩击地面，两脚落平，同时叩齿一次（图5-92）。

▲图5-91　▲图5-91（侧）　▲图5-92

重复7遍。

功理作用

颠足可发展小腿后群肌力，拉长足底肌肉、韧带。落地震动可轻度刺激下肢及脊柱各关节内外结构，并使全身的肌肉得到很好的放松，有助于肌肉代谢产物的排出，缓解肌肉紧张。

现代医学研究表明，叩齿可以产生一种生理上的良性刺激，促进牙周组织的血液循环，保持牙齿稳固，增强对龋齿的抵抗力，达到防治牙痛、牙周炎、牙齿松动及脱落等功效。叩齿还能刺激上下颌骨发育，预防儿童牙齿畸形，刺激大脑皮层，预防老年痴呆等。

收式——整理身体、精力旺盛

• 动作规格

双手上抬至胸前，快速搓动搓热两手，以中指沿鼻部两边自下而上，带动别的手指，擦至额部，再向两边分开，经两颊而下，此为一遍（图5-93~图5-98）；共做3遍。

▲ 图5-93

▲ 图5-94

▲ 图5-95

▲ 图5-96

▲ 图5-97

▲ 图5-98

做完以后双手分开下落于大腿上（图5-99），轻轻起身，活动四肢关节。

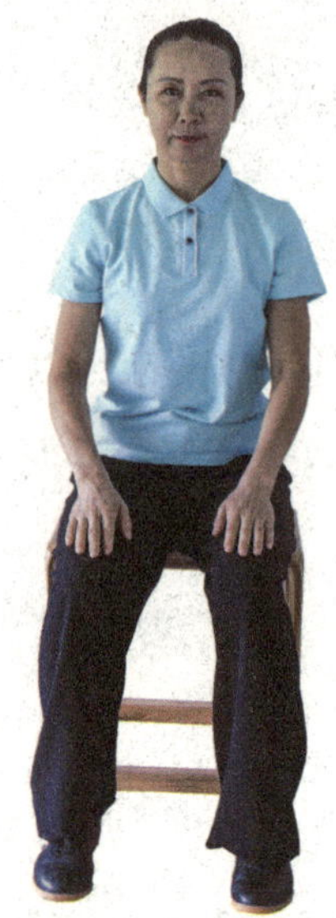

▲图 5-99

- **功理作用**

常做“搓手浴面”可使脸部有光泽，防止皱斑产生。

第六章

道家八段锦

道家八段锦又称“文八段锦”，自出现以来一直有练功口诀传世：“闭目冥心坐，握固静思神。叩齿三十六，两手抱昆仑。左右鸣天鼓，二十四度闻。微摆撼天柱，赤龙搅水浑，漱津三十六，神水满口匀。一口分三咽，龙行虎自奔。闭气搓手热，背摩后精门。尽此一口气，想火烧脐轮。左右辘轳转，两脚放舒伸。叉手双虚托，低头攀足频。以候逆水上，再漱再吞津。如此三度毕，神水九次吞。咽下汩汩响，百脉自调匀。河车搬运讫，发火遍烧身。邪魔不敢近，梦寐不能昏。寒暑不能入，灾害不能侵。子后午前行，造化合乾坤。循环次第转，八卦是良因。”

本着古为今用、方便易行的原则，我们在吸取古传口诀的基础上，重新编排了8个动作，运动强度和动作的编排次序符合运动学和生理学的规律。

预备式

• 动作规格

活动手足关节，舒展身体，然后盘腿坐下来，臀部可以平坐在垫子上，也可以把臀部下面垫高；可以散盘、单盘或者双盘；根据个人情况进行选择。

头正、颈直，胸部舒展、背部伸直，不要含胸驼背；目光平视；下颌内收，两腮微微下落；双手自然垂落在膝盖上，掌心向下（图6-1）。

▲ 图6-1

• 功理作用

盘腿以后，人体的气血会往上走，平时气血往周身走比较困难，但盘起腿以后身体就形成了环路，能够把气血运行到周身。

两腮微微下落可以使喉咙通气道变小，呼吸气流变细，从而有助于调整呼吸达到细、匀、深、长的程度。

• 注意事项

盘坐的时候，身体重心要稍稍向前，使身体重心压在前、后阴之间的位置，而不是上身正好与地面垂直。如果上身与地面垂直，则身体重心压在两个臀尖，时间长了，臀尖会痛，盘坐就难以持久。

头正，头上要能摆平一本书。下巴内收，头轻轻地往上顶，脖子放松，双肩慢慢地向下沉，感觉自己的后背长宽了，腰和头在垂直线上伸展，双肩在水平线上伸展，就像是一个十字，要轻柔地展开，不能太用力。

第一式　静心数息

• 动作规格

两手相叠于肚脐上，掌心向里，左手在下（男女相同），双肩下沉，两臂放松，肘关节自然弯曲；鼻吸鼻呼，唇齿轻闭，舌尖向上，抵在上牙根内侧；轻闭双眼进行“数息”，即默数呼吸次数（图6-2）。

▲ 图6-2

介绍3种“数息法”供读者选用。

第一种：吸气时默数“1”，呼气时默数“2”……到“10”以后再循环。

第二种：吸气时默数“1、2、3、4、5”，

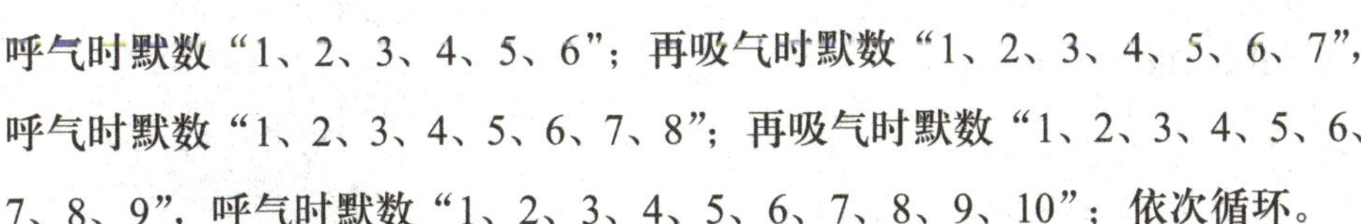

呼气时默数“1、2、3、4、5、6”；再吸气时默数“1、2、3、4、5、6、7”，呼气时默数“1、2、3、4、5、6、7、8”；再吸气时默数“1、2、3、4、5、6、7、8、9”，呼气时默数“1、2、3、4、5、6、7、8、9、10”；依次循环。

第三种：一吸一呼为一息，从1数到10为一组，在呼气的时候默数数字，不要在吸气的时候默数。呼气默数才更容易让身心放松下来，反之则容易导致身心紧张；依次循环。

- **呼吸要求**

采用逆腹式呼吸，把注意力集中在“数息”上，感受呼吸的细、匀、深、长。

数息1~3组。根据个人习惯选用合适的数息法。

- **注意事项**

轻轻地闭上双眼，注意不要闭得太紧，要若有若无地留一条缝，这叫作“七分闭、三分开”。

- **功理作用**

数息时一心一意，久久习熟，可使心息相依，安心静心。

保持身形中正，做到“三挺”：颈挺、脊柱挺、肋骨挺。颈挺则头部正直，精气贯顶；脊柱节节挺直，则气贯全身，通达关节，布于四肢百骸；肋骨向上挺，则根根肋骨张开，胸廓平阔，五脏器官各得其正位，不受压迫，自然气生神生，气活神活。

第二式　握固叩齿

- **动作规格**

接上式。两手慢慢分开，卷握成拳，拇指在内、四指在外，成握固拳，抱拳于腰间，拳心向里、拳眼向上（图6-3）；然后叩齿，左右臼齿连同门齿一起叩击，共做36次。

▲ 图 6-3

- **功理作用**

握固时，拇指指尖要握在无名指指根，在道教的“十二地支手诀”中，无名指指根对应的是“子”“子时”。子时一阳初生，所以握固有生发阳气之意。

叩齿是中国传统的养生保健方法。叩齿就是上下牙齿相互有节律地叩击，发出铿锵声响。传统文化认为叩齿可以“集神、强肾”，对于叩齿方法颇有讲究，如上下门齿相叩，叫“鸣法鼓”；左半侧臼齿相叩，叫“鸣天钟”；右半侧臼齿相叩，叫“击天磬”。

- **注意事项**

眼睛似闭非闭，轻轻留下一线缝隙；在叩齿时，嘴唇不要张开，集中注意力听叩击的声音，并默数叩击次数。

第三式　抱头鸣鼓

- **动作规格**

动作一

接上式。叩齿结束以后，松拳变掌，掌心向上，两肘伸直，两臂成侧平举（图6-4）。

▲图6-4

动作二

屈肘，两掌心按压在耳孔上，两肘向两侧打开成一直线（图6-5）。

▲图6-5

鸣天鼓24次，手掌堵紧耳孔，先把食指移到中指指背上，再把食指从中指上快速有力地弹下来，弹击后脑，耳中可以听到“咚咚”的响声，类似于“鼓声”。

• 功理作用

“鸣天鼓”又称“鸣鼓”，我们经常把天比作阳，地比作阴；把头比作阳，足比作阴。天上有雷声，头部也有雷声，头部的雷声就是“鸣天鼓”，就是人体的鼓声。

鸣天鼓可以起到按摩头部的作用，可以有效增强大脑功能，经常练习可以很好地促进头部血液循环，清理血管中堆积的毒素；刺激头皮上的毛细血管，使它们扩张变粗，促进血液循环，供给大脑组织更多的养料和氧气。大脑的营养充足了，精力就会更加充沛。头皮血液循环改善了，还有利于头发的生长发育，防止头发脱落和变白。老年人经常练习能够延年益寿。

• 注意事项

在练习过程中始终保持两肘向两侧撑开、两掌压实耳孔。

第四式　摇摆天柱

• 动作规格

动作一

接上式，两手掌猛然向外拔开，手掌离开耳朵（图6-6）；两手向下落于胸腹，手掌上下相叠，掌心向里，左手在下（图6-7）。

▲图6-6

▲图6-7

动作二

随着吸气，慢慢抬头至下巴指向正上方；同时手掌向下向里柔和地稍用力按压，形成下巴向上、胸腹向下的对抗力（图6-8）。

▲图6-8

动作三

呼气，慢慢低头至下巴靠近锁骨，同时两手放松（图6-9）。

▲图6-9

动作四

吸气，头部转正，头顶向上顶起；右手掌心向下落在右侧膝盖上，左手掌心向里置于右肩前（图6-10）。

▲图6-10

动作五

呼气，头部向左侧平转，保持下颌内收、头顶向上；同时左手柔和缓慢地向后推动右肩，形成头向左、肩向后的对抗力（图6-11）。

▲图6-11

动作六

吸气，头部回正，保持头顶向上顶起；同时左手掌心向下落在左侧膝盖上，右手掌心向里置于左肩前（图6-12）。

▲图6-12

动作七

随着呼气，头部向右侧平转，保持下颌内收、头顶向上；同时右手柔和缓慢地向后推动左肩，形成头向右、肩向后的对抗力（图6-13）。

动作八

随着吸气，头部转正，保持头顶向上顶起；右手掌心向下落在右侧膝盖上（图6-14）。

▲图6-13

▲图6-14

头部按照“上”“下”“左”“右”4个方向各运动一次为一遍，共做3遍。

• 功理作用

研究发现，人的第4、5、6节颈椎由于活动度最大，其受力也最多，是最容易发生退变的节段。

白领如果平时不注意休息，第4、5节颈椎间的椎间盘和第5、6节颈椎间的椎间盘突出概率最大，患病率最高。

颈椎有7节，除第一颈椎和第二颈椎外，其他颈椎之间都夹有一个椎间盘。颈椎间盘是富有弹性的软骨组织，它具有调节压力、缓冲震动，并连接相邻椎体形成关节的功能。正常的颈椎间盘富含水分，随着年龄增长，颈椎间盘的含水量会逐步减少，弹性逐渐降低。颈椎间盘的老化除了年龄因素影响外，还有一个重要原因就是不恰当的用力和劳损。

本式动作可以拉伸颈椎关节，缓解肩颈部肌肉紧张，预防颈椎病。

• 呼吸要求

轻闭双眼，调整呼吸，采用逆腹式呼吸。头部在4个方向拉伸时，在每个方向上应停留1~2次呼吸。

• 注意事项

始终保持背部伸直、双肩下沉；抬头时感受颈部拉伸；低头时感受项部拉伸；头部转正时头顶向上顶起；头部向左右侧伸展时，感受颈部两侧的拉伸。

第五式　托天攀足

• 动作规格

动作一

接上式。伸直双膝，双脚并拢，上身立直，目光平视（图6-15）。

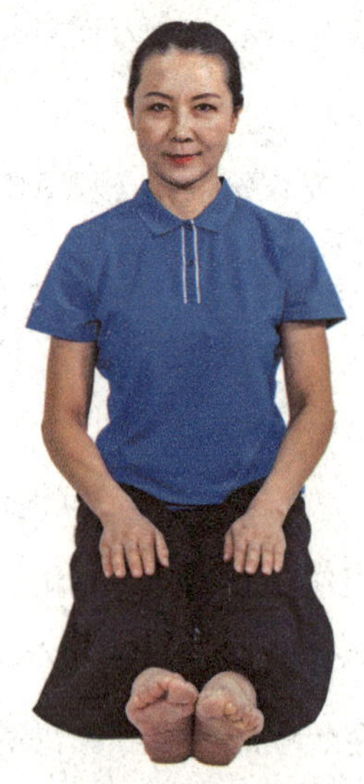

▲图6-15

▲图 6-16

动作二

两手掌心向上从两侧上举，至头顶上方时掌心相对、五指并拢，两肘自然伸直（图 6-16）。

▲图 6-17

动作三

十指交叉、翻掌上撑，同时双肩下沉、脚背绷直、脚趾下压（图 6-17）。

动作四

十指松开，掌心相对，两手与肩同宽。以腰为轴上身前俯，带动两臂前伸，同时勾脚尖向上，两手握住两脚掌，目视脚尖，背部伸直（图 6-18）。

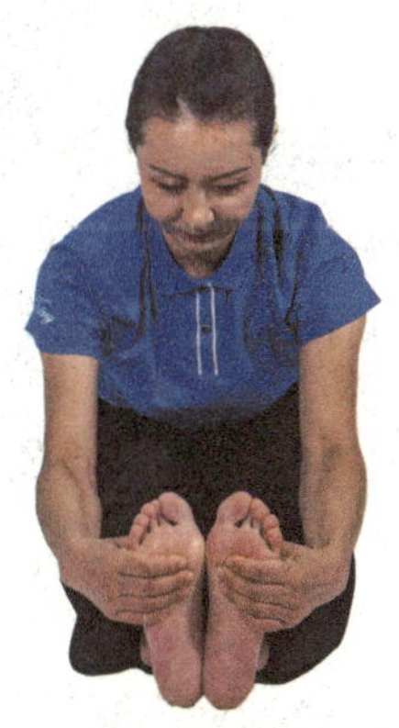
▲图 6-18

动作五

松开两手，身体回正，带动两手回收至两大腿上（图 6-19）。

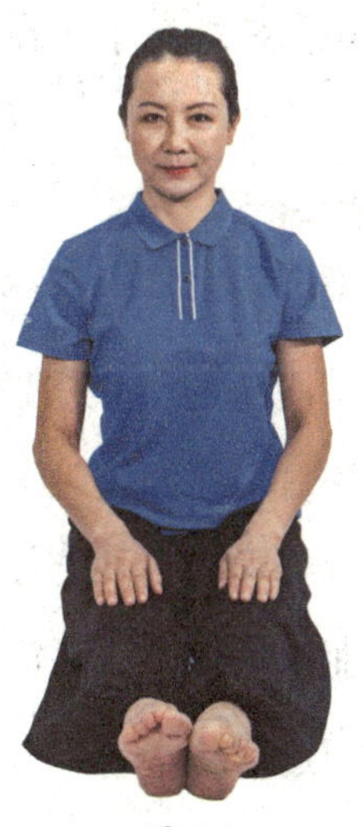
▲图 6-19

动作六至动作八同动作二至动作四（图6-20~图6-22）。

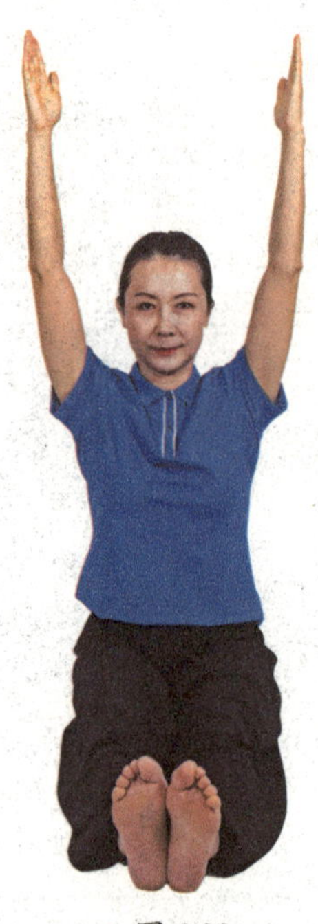

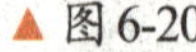

▲ 图6-20

▲ 图6-21

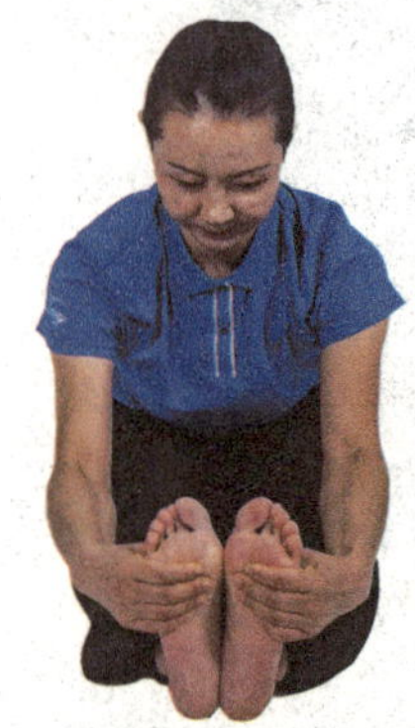

▲ 图6-22

“托天”“攀足”各一次（动作二至动作四）为一遍，共做6遍。最后一个动作做完以后，松开两手，两脚放松，身体回正，带动两手回收至两大腿上，准备接下一个动作（图6-23）。

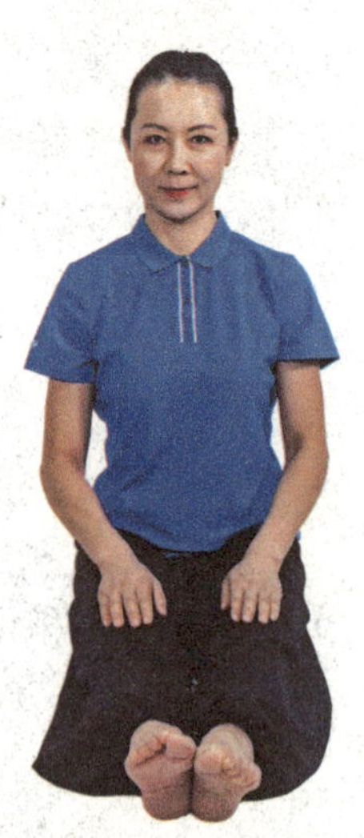

▲ 图6-23

• 功理作用

练习“托天”“攀足”，可以减轻肩颈部、腰背部和腿部肌肉、肌腱的紧张状况，缓解肌肉、肌腱的疼痛症状；还可以恢复上述部位肌肉、肌腱的弹性，使肌肉、肌腱可以正常收缩和舒张，能够发挥正常功能；并可以促进全身肌肉的血液循环，从而使肌肉内代谢产物快速分解，有利于肌肉力量恢复。

- **呼吸要求**

在“托天”“攀足”定势时保持1~2次呼吸。

第六式　辘轳运转

- **动作规格**

▲图 6-24

动作一

接上式。双手向两侧打开，掌心向后，手臂自然伸直（图 6-24）。

▲图 6-25

动作二

双手边上摆边翻转，手掌与肩同高时掌心向上，手臂伸直，目光平视（图 6-25）。

▲图6-26　▲图6-27

动作三

收腹含胸，以身带臂，两手内收，翻转掌心向上至前平举，然后屈肘落至身体两侧（图6-26、图6-27）。

动作四

从腰椎开始发力脊柱节节向上伸展，同时带动两掌内旋、两臂自然伸直，然后转掌心向前，两掌内收至与肩同宽，置于肩部上方，目光平视（图6-28~图6-30）。

▲图6-28　▲图6-29　▲图6-30

动作五

两臂屈肘下落至腹前，两手边落边握空拳，腹部内收，腰部向外凸，目光内含（图6-31）。

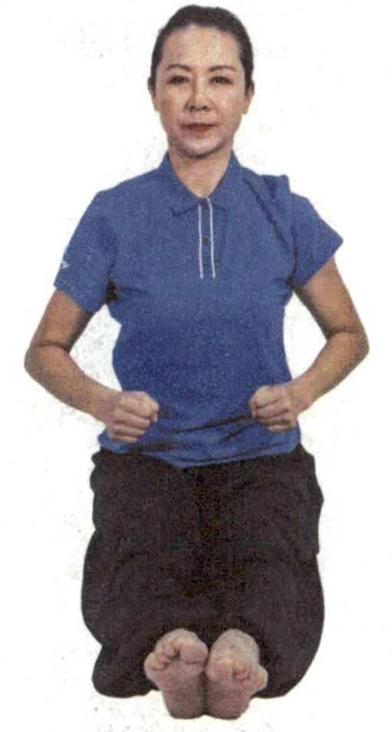
▲图6-31

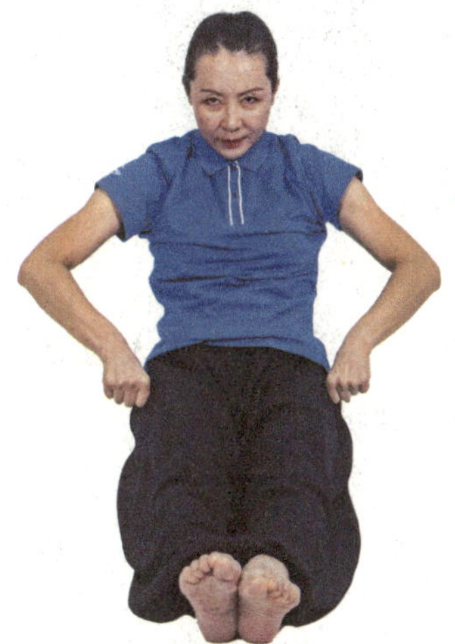
▲图6-32

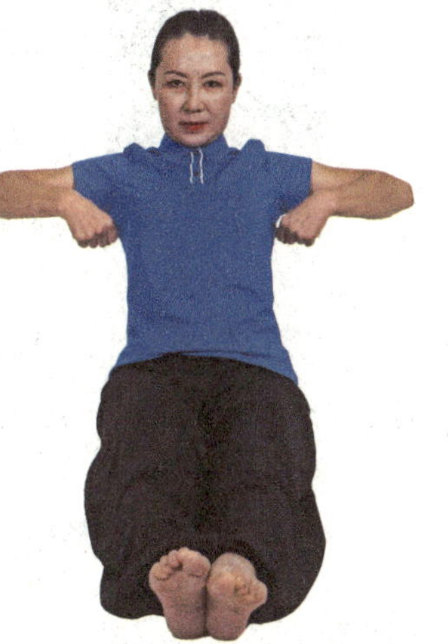
▲图6-33

动作六

从腰椎开始发力带动脊柱向上做波浪形运动，以身带肩、以肩带臂，两手臂由下而上向前自然划弧前伸至两臂放平，目光平视（图6-32~图6-35）。

▲图6-34

▲图6-35

动作七至动作八同动作五至动作六（图6-36~图6-40）。

▲图6-36　▲图6-37　▲图6-38

此为一遍，共做6遍。做完后松拳变掌，掌心向下，两手下落于大腿上，目光平视。在动作过程中，双腿自然伸直，双脚自然并拢（图6-41）。

▲图6-39　▲图6-40　▲图6-41

• 功理作用

本式动作可以有效增强脊柱的韧性、强度和弹性。“脊柱”是由多关节连接起来的，每个关节都是一个动力机构，使得脊柱蕴含了强大的能量。开发好脊柱就可以运用这强大的能量。比如，动物在奔跑时，脊柱主宰了动物身体的“缩胀”，使得动物在快速的奔跑中，可以如“弹簧”般窜进。

本式动作的要领是脊柱的“踊动”。踊（yǒng），有往上跳的意思。“踊动”指的是脊柱向上跳动，像波浪一样，从下（腰椎）往上（颈椎）、节节贯串地跳动。

第七式　搅海漱津

• 动作规格

▲ 图 6-42

动作一

接上式。屈膝盘坐，两手握固，抱于腰侧。调匀呼吸，轻闭双眼（图6-42）。

动作二

嘴唇轻闭、牙齿上下微开，舌头在牙齿内侧，按照左、上、右、下的顺序沿牙龈划圈，舌尖稍用力，共转6圈。

动作三

舌头放在牙齿外侧，按照左、上、右、下的顺序沿牙龈转动6圈。

动作四

将舌头收回口腔内，舌抵上腭。

动作五

“鼓漱”，像漱口一样将搅海产生的唾液在口腔里快速鼓动，共做6次。

动作六

“咽津”，将口中唾液分3次咽下。

• 功理作用

“搅海”又叫作“赤龙搅海”，“赤龙”指的是舌头，“海”指的是口腔。“漱”的全称是“鼓漱”，“津”指的是“咽津”。

现代医学证明，唾液具有消炎止痛、杀菌的作用，可以湿润和清洁口腔，促进消化，延缓衰老。

第八式 河车搬运

• 动作规格

▲ 图6-43

动作一

接上式。松拳变掌，男性左手在里、右手在外，女性相反，两掌心向里，相叠于肚脐上，轻闭双眼，或者七分闭三分开（图6-43）。

动作二

意想体内真气随着呼吸进行升降，吸升、呼降。“吸升”，指的是吸气时意念真气从肚脐下3寸入前、后阴之间沿督脉上行至头顶正中；“呼降”，指的是呼气时意念真气从头顶正中下降进入任脉再落入肚脐下3寸。

简单点说，就是吸气时，意想气息从肚脐下3寸直到头顶；呼气时，意想气息经过两乳之间、肚脐，直到肚脐下3寸。

• 功理作用

河车指人体真气的运行往来无穷，如车载物。

在吸气后收紧前后阴，用古人的话讲，叫作“如忍大小便状”；用现代医学的语言来讲，指的是在吸气时要“提肛”，经常提肛可以预防盆腔静脉瘀血，促进血液循环，还可以使整个盆腔肌肉得到锻炼，适合各个年龄层的人群，尤其是中老年一族。对于中老年人常患的痔疮、肛裂、脱肛、便秘等症，提肛也有明显的防治作用。

收式

• 动作规格

接上式，两手上提至胸前，快速搓热手掌，然后将手掌扣在两眼上，注意应掌心内含、不要用掌心按压两眼，稍停（图6-44、图6-45）；再搓热手掌，用手掌浴面、梳头，共做6遍（图6-46~图6-48）。最后一次做完后，两掌沿双肩、体前下落至两膝上（图6-49、图6-50）。

慢慢睁开两眼，打开两脚，伸直并活动两腿，慢慢起身走动，活动手足关节。

▲ 图 6-44

▲ 图 6-45

▲ 图 6-46

▲ 图 6-47

▲ 图 6-48

▲ 图 6-49

▲ 图 6-50

第七章

站式八段锦

早在南宋，站式八段锦的动作名称就以七字歌诀的形式出现了，与现在的动作名称相比，基本上差异不大。站式八段锦在现代社会得到广泛传播，成为中国文化的一张名片和中国传统养生体育的一个标志性符号。

起式

• 动作规格

动作一

松静站立，两腿自然伸直，两脚自然并拢，两臂自然垂于体侧，收腹、松腰、敛臀，头正颈直、下颌内收，唇齿轻闭、舌抵上腭，目视前方（图7-1）。

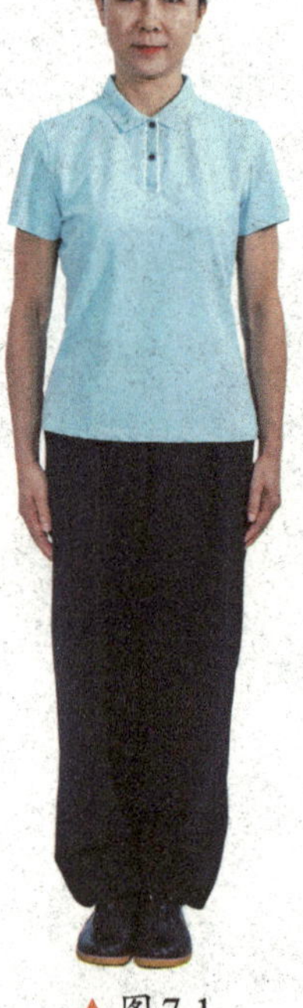

▲图7-1

动作二

微屈膝，重心下降并移至右脚，左脚自然提起向左开步，两脚间距离略大于肩宽，两脚平行；目视前方（图7-2）。

▲图7-2

动作三

随着吸气，两臂内旋向两侧摆起，与腰同高，腋下约成45°，掌心向后；目视前方（图7-3）。

动作四

随着呼气，两膝稍屈，同时两臂外旋，向前合抱于腹前，与肚脐同高，掌心向内，十指相对，两掌指尖相距约10厘米；目光内含（图7-4）。

▲图7-3

▲图7-4

- **呼吸要求** 建议采用逆腹式呼吸，也可以根据个人情况采用顺腹式呼吸或者自然呼吸。
- **动作要点** 要求沉肩坠肘，腋下虚掩，胸部宽舒，腹部松沉，收髋敛臀，上体中正。
- **易犯错误** 跪膝。
- **纠正方法** 注意屈膝时，膝盖不能超过脚尖，否则长期练习膝盖会受到损伤。
- **功理作用** 起式的作用是调正身形、调顺呼吸、宁静心神，让练习者从调身、调息、调心3个方面做好练习准备。

第一式 两手托天理三焦

- 动作规格

动作一

接上式。两臂外旋，两掌下落，掌心向上，两掌指尖相距约10厘米，小指与腹部相距约10厘米（图7-5）。五指分开，十指在小腹前交叉，目视前方（图7-6）。

▲图7-5 ▲图7-6

▲图7-7 ▲图7-8

动作二

两腿缓缓伸直；同时两臂屈肘，两掌上托，掌心向上，至胸前翻掌，两臂内旋，两掌向上托起，两臂伸直，抬头，目视两掌背（图7-7、图7-8）。

动作三

两掌继续上托，两臂保持抻拉，同时下颌内收，动作略停；目视前方（图7-9）。

▲图7-9

动作四

身体重心缓缓下降，两膝弯曲；同时十指慢慢分开，两臂向身体两侧下落（图7-10）。两臂落至斜下方45°时屈肘，两掌捧于腹前，掌心向上，两掌相距约10厘米；目视前方（图7-11）。

▲图7-10

▲图7-11

本式动作一上一下为一遍，共做6遍。

- **动作要点** 注意保持沉肩坠肘、松腕舒指、头正颈直、上体中正。
两掌上托时要舒胸展体；两臂伸直时要略有停顿，保持伸拉；两掌下落时要松腰沉髋。
- **易犯错误** 两掌上托时没有目随手走或抬头不够；两臂上举伸直时松懈断劲。
- **纠正方法** 两掌上托，舒胸展体，缓慢用力，下颌先向上助力，再内收配合两掌上撑，力达掌根。
- **功理作用** 1. 本式动作可以扩张胸廓，使腹腔、盆腔内的脏腑受到牵拉按摩，同时向上牵拉可以伸展脊柱，刺激相应神经节段，改善相应脏腑功能。
2. 本式动作可以充分拉长躯干与上肢各关节周围的肌肉、韧带及关节软组织，使其伸展性增强，提高关节的灵活性，对于防治肩部疾患具有良好的作用。在动作完成过程中，肩关节周围的三角肌和颈背部的斜方肌、肩胛提肌可得到适当的刺激，有利于预防颈椎病。

第二式 左右开弓似射雕

- **动作规格**

动作一

接上式。重心右移，左脚向左开步，两腿自然伸直，两脚平行站立，约两倍肩宽；同时屈肘抬掌，两掌交叉于胸前，掌根与胸口同高，左掌在外，右掌在里，两掌心向内；目视前方（图 7-12）。

▲ 图 7-12

动作二

两腿屈膝，半蹲成马步的同时右掌屈指成“拉弦”状的“虎爪”，向右拉至肩前，左掌屈中指、无名指和小拇指成“八字掌”，左臂内旋，向左推出，手腕与肩同高，坐腕，掌心向外，指尖朝上，动作略停；目视左掌方向（图 7-13、图 7-14）。

▲图 7-13

▲图 7-14

动作三

重心右移，左腿自然伸直；同时右手五指伸开成掌，向上、向右划弧，腕与肩同高，指尖向上，掌心斜向前，左手指伸开成掌，掌心斜向前；目视右掌方向（图 7-15）。

▲图 7-15

动作四

重心继续右移；左脚回收，成并步站立；同时两掌分别由两侧下落，捧于腹前，掌心向上，指尖相对，相距约10厘米；目视前方（图7-16）。

▲ 图7-16

右侧动作与左侧相同，唯方向相反（图7-17~图7-20）。

▲ 图7-17　▲ 图7-18

▲ 图 7-19　　▲ 图 7-20

本式一左一右为一遍，共做3遍。

做到第3遍最后一动时，重心继续左移，右脚回收，成开步平行站立，两脚间距离略大于肩宽，膝关节弯曲；同时两掌分别由两侧下落，捧于腹前，掌心向上，指尖相对，相距约10厘米；目视前方（图7-21）。

▲ 图 7-21

- **动作要点** | 做“虎爪”时五指要并拢屈紧，肩臂放平；做“八字掌”时侧撑需沉肩坠肘、屈腕竖指、掌心涵空。
- **易犯错误** | 端肩，弓腰，八字脚。
- **纠正方法** | 沉肩坠肘，上身直立，两脚跟外撑。
- **功理作用** | 该式动作能有效发展下肢肌肉力量，提高平衡和协调能力，使上臂的肱二头肌及三角肌得到有效锻炼，增强前臂和手部肌肉的力量，提高手腕关节及指关节的灵活性，并有利于改善颈部血液循环和肢体末梢的微循环，同时可以矫正一些不良姿势，如驼背及肩内收，有利于预防肩颈疾病。

第三式　调理脾胃须单举

- **动作规格**

动作一

接上式。两膝慢慢伸直；左臂内旋上抬，左掌与胸同高，掌心向里，手指斜向上，然后左臂内旋上举，左掌翻转上托至头的左上方，肘关节微屈，掌根用力上托，掌心斜向上，手指向右；右臂内旋，右掌对着腹部，手指斜向下，然后右掌下按至右胯旁，右掌与右胯相距约10厘米，肘关节微屈，掌根用力下按，掌心向下，手指向前；动作略停，保持抻拉，目视前方（图7-22、图7-23）。

▲图7-22　▲图7-23

动作二

重心缓缓下降，两膝微屈，同时左臂屈肘外旋，左掌沿上托的路线，经面前下落于腹前，掌心向上；右臂外旋，右掌收至腹前，掌心向上；两掌捧于小腹前，指尖相距约10厘米；目视前方（图7-24、图7-25）。

▲图7-24　▲图7-25

右侧动作与左侧相同，唯方向相反（图7-26~图7-28）。

▲图7-26

▲图7-27

▲图7-28

本式一左一右为一遍，共做3遍。

做到第3遍最后一个动作时，两膝微屈，右臂外旋，右掌指尖转向后，然后右臂屈肘，右掌向前下按于右胯旁，相距约10厘米；左掌继续保持在左胯旁；两肘微屈；目视前方（图7-29）。

▲ 图7-29

- **动作要点** 力在掌根，上撑下按，舒胸展体，拔长腰脊。
- **易犯错误** 掌指方向不正，肘关节没有弯曲度，上身不够舒展。
- **纠正方法** 两掌放平，力在掌根，肘关节稍屈，对拉拔长。
- **功理作用**
  1. 本式动作通过左右上肢一松一紧的上下对拉，可以牵拉腹腔，促进胆汁、胃液的分泌。
  2. 本式动作可以使脊柱内各椎骨间的关节及肌肉得到锻炼，从而提高脊柱的灵活性与稳定性，有利于预防和治疗肩颈疾病。

第四式　五劳七伤往后瞧

- **动作规格**

动作一

接上式。两腿缓缓挺膝伸直；同时两臂伸直，掌心向后，指尖向斜下方；目视前方（图7-30）。上动不停，展肩扩胸，两臂外旋上摆，腋下约成45°，掌心尽力扭转向斜后方；头向左后方转动，动作略停；目视左斜后方。注意保持身体与手臂在一条直线上（图7-31）。

▲ 图 7-30　　▲ 图 7-31

动作二

两腿膝关节弯曲；同时头转正，两臂内旋，屈肘，两掌按于胯旁，掌心向下，指尖向前；目视前方（图 7-32）。

▲ 图 7-32

右侧动作与左侧相同，唯方向相反（图 7-33、图 7-34）。

本式一左一右为一遍，共做3遍。

▲ 图 7-33　　▲ 图 7-34

做到第3遍最后一动时，两膝弯曲，头转正，两掌捧于小腹前，掌心向上，指尖相对，相距约10厘米；目视前方（图7-35）。

▲ 图 7-35

• 动作要点 | 头向上顶，肩向下沉，转头不转体，始终保持身体朝前，旋臂，两肩后展。

- **易犯错误** 上体后仰，转头与旋臂不充分。
- **纠正方法** 转头时下颌内收，旋臂时应以肩胛骨为发力点，以肩带臂、以臂带手，幅度宜大。
- **功理作用**
  1. 五劳指心、肝、脾、肺、肾五脏劳损。七伤指喜、怒、悲、忧、恐、惊、思七情伤害。本式动作通过上肢伸直、外旋扭转的静力牵张作用，可以扩张牵拉胸腔、腹腔内诸脏腑。往后瞧的转头动作可以刺激颈部。
  2. 本式可增加颈部及肩关节周围参与运动肌群的收缩力，加大颈部运动幅度，活动眼肌，预防眼肌疲劳和肩颈及背部疾患，促进颈部及脑部血液循环，有助于缓解中枢神经系统的疲劳，改善其功能。

第五式　摇头摆尾去心火

- **动作规格**

动作一

接上式。重心左移，右脚向右开步站立，两脚平行，约两倍肩宽，两腿自然伸直；两掌上托，至与胸同高时，两臂内旋，两掌翻转向上继续上托至头部上方，肘关节微屈，掌心斜向上，指尖相对；目视前方（图7-36）。

▲图7-36

▲ 图 7-37

动作二

屈膝半蹲成马步；同时两臂向两侧下落，两掌扶于大腿上方，肘关节微屈，手指斜向前；目视前方（图 7-37）。

动作三

重心向上稍升起，随之重心右移，左膝稍屈，上身右倾约 45° 后俯身向下；目视右脚尖（图 7-38、图 7-39）。

▲ 图 7-38

▲ 图 7-39

动作四

重心左移，上身保持俯身由右向前、向左旋转至左斜前方，目视左脚跟（图 7-40）。

▲ 图 7-40

动作五

重心右移成马步，右髋向右侧送出，尾骨尖随之向右、向前、向左、向后旋转至正后方；同时头向左、向后转至正后方，目视上方［图7-41~图7-43（侧）］。下颌和尾骨尖同时内收，头转正，重心下降成马步，目视前方（图7-44）。

▲图7-41　▲图7-42

▲图7-43　▲图7-43（侧）　▲图7-44

动作六至动作八同动作三至动作五，唯方向相反（图7-45～图7-50）。

▲图7-45

▲图7-46

▲图7-47

▲图7-48

▲图7-49

▲图7-50

本式一左一右为一遍，共做3遍。

做完3遍后，重心左移，右脚回收，成开步站立，两脚约与肩同宽，同时两臂经两侧上举，至与肩同宽，掌心相对；目视前方（图7-51）。

两膝弯曲；同时两臂屈肘，两掌经面前下按至腹前，掌心向下，指尖相对，相距约10厘米；目视前方（图7-52）。

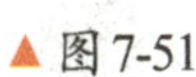

▲图 7-51

▲图 7-52

• **动作要点** 马步下蹲要收腹、敛臀、上体中正；摇转时，脖颈与尾骨尖对拉伸长，好似两个轴在相对运转，动作应柔和缓慢，圆活连贯。

• **易犯错误** 摇转时颈部僵直，尾骨尖摇动不圆活，幅度小。

• **纠正方法**

1. 上身侧倾与向下俯身时，下颌不有意内收或上仰，颈椎与肌肉尽量放松伸长。
2. 保持收腹敛臀，加大尾骨尖摆动幅度。
3. 摇头时，尾骨尖与颈椎同时反方向摆动，使尾骨尖与颈部对拉拔长，加大旋转幅度。

• **功理作用** 本式动作在摇头摆尾过程中，脊柱腰段、颈段大幅度侧屈、环转及回旋，可使整个脊柱的头颈段、腰腹及臀、股部肌群参与收缩，既能提高颈、腰、髋的关节灵活性，也能发展该部位的肌肉力量，并使内脏得到挤压按摩，使其功能得到改善，还可加快食物残渣的排出，有利于预防便秘和痔疮。

第六式　两手攀足固肾腰

- 动作规格

▲ 图 7-53

动作一

接上式。两腿伸直；同时两掌转指尖向前，两臂向前、向上举起，肘关节伸直，掌心向前；目视前方（图 7-53）。

▲ 图 7-54

动作二

转掌心相对，屈肘，两掌下按至胸前，掌心向下，指尖相对；目视前方（图 7-54）。

▲ 图 7-55

动作三

两臂外旋，两掌心向上，两手手指随之顺腋下后插；目视前方（图 7-55）。

动作四

两掌心向里贴住背部，沿脊柱两侧向下摩运至臀部，上身随之前俯，两掌继续沿腿后向下摩运，经脚两侧置于脚面，抬头，动作略停；目视前下方［图7-56~图7-58（侧）］。

▲图7-56

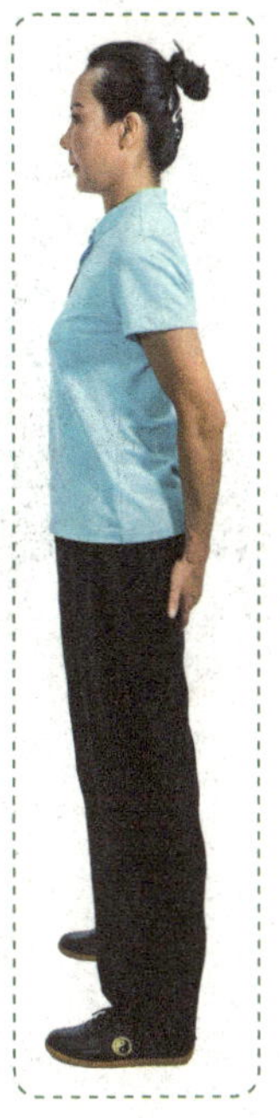

▲图7-56（侧）

▲图7-57

▲图7-57（侧）

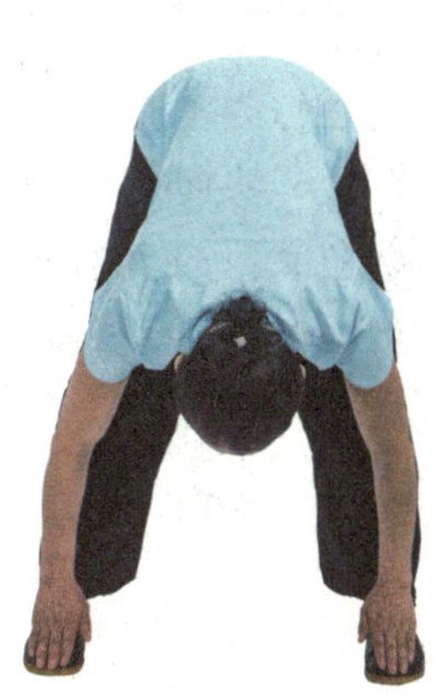

▲图7-58

▲图7-58（侧）

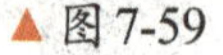

▲ 图 7-59

▲ 图 7-59（侧）

动作五

两掌不动，塌腰、翘臀、微抬头，两掌沿地面向前、向上、向远处伸展，以指带臂、以臂带身，至上身与地面水平，目视前下方［图 7-59~图 7-60（侧）］。

▲ 图 7-60

▲ 图 7-60（侧）

▲ 图 7-61

动作六

两臂继续向前、向上举至头上方，带动上身直立，两臂自然伸直，两手与肩同宽，掌心向前，指尖向上，目视前方（图 7-61）。

本式一上一下为一遍，共做6遍。

做完6遍后，两膝弯曲；同时两掌向前下按至小腹前，掌心向下，指尖向前，目视前方（图7-62）。

▲ 图7-62

- **动作要点**

1. 两掌反穿摩运要适当用力以加大按摩效果。
2. 两手攀足时要松腰沉肩，两膝挺直。
3. 向上起身时要以指带臂、以臂带身，通过手臂主动上举带动上体立起。

- **易犯错误**

两手向下摩运时低头，膝关节弯曲；向上起身时，起身在前，举臂在后。

- **纠正方法**

两手向下摩运时身随手动、头随身动，头部自然前俯，不要特意低头；膝关节伸直；向上起身时要以臂带身。

- **功理作用**

1. 通过大幅度前屈后伸可刺激脊柱、背、腰、膝等部位，有助于防治泌尿系统的一些慢性病，可以达到固肾壮腰的作用。
2. 通过脊柱大幅度的前屈后伸，可有效锻炼躯干前、后伸屈脊柱肌群，尤其是腰腹部肌肉，如腹直肌、腹外斜肌、腹内斜肌及竖脊肌等，同时对下肢后群肌肉的伸展性也有明显作用，对于腰部的肾、肾上腺、输尿管等器官有良好的牵拉、按摩作用，能改善其功能。

第七式 攒拳怒目增气力

• 动作规格

动作一

接上式。重心右移，左脚向左开步，两脚距离约为两倍肩宽，两脚平行，两腿屈膝半蹲成马步；同时两掌变握固拳抱于腰侧，拳眼向上；目视前方（图 7-63）。

▲ 图 7-63

▲ 图 7-64

动作二

左拳慢慢向前冲出，与肩同高，肘关节微屈，拳眼向上；当肘关节离开肋部时，拳越握越紧，眼睛睁大目视左拳，脚趾抓地。左臂继续前伸，至自然伸直，同时拧腰顺肩，左肩微向右转；松拳变掌，左臂内旋，虎口向下；目视前方［图 7-64、图 7-65、图 7-65（侧）］。

▲图 7-65

▲图 7-65（侧）

动作三

左臂外旋，肘关节微屈，同时左掌向左缠绕，左掌手指向下、向右、向上、向左，再向下依次旋腕一周，变掌心向上后成握固拳；脚趾抓地，目视左手（图 7-66~图 7-68）。

▲图 7-66

▲图 7-67

▲图 7-68

动作四

左臂屈肘，左拳回收至腰侧，拳眼向上；脚趾和眼睛放松，目视前方（图 7-69）。

▲图 7-69

右侧动作与左侧相同，唯方向相反（图7-70~图7-76）。

▲图7-70

▲图7-71

▲图7-72

▲图7-73

▲图7-74

▲图7-75

本式一左一右为一遍，共做3遍。做完3遍后，重心右移，左脚回收，成并步站立；同时两拳变掌垂于体侧；目视前方（图7-77）。

▲图7-76

▲图7-77

• 动作要点

1. 马步的高低可根据自己的腿部力量灵活掌握。
2. 冲拳时怒目圆睁，脚趾抓地，拧腰顺肩力达拳面；回收时要旋腕，五指用力抓握。

• 易犯错误

冲拳时上身前俯，端肩，抬肘；回收时旋腕不明显，抓握无力。

• 纠正方法

1. 冲拳时头向上顶，上身立直，肩部松沉，肘关节微屈，前臂贴肋前送，力达拳面。
2. 回收时先五指伸直充分旋腕，再屈指用力抓握。

• 功理作用

1. 肝主筋，肝开窍于目，本式动作怒目瞪眼可刺激肝经，有疏肝益肝、益睛明目的作用。
2. 两腿下蹲时脚趾抓地，双手冲拳、旋腕时手指逐节强力抓握，可使全身肌肉、筋脉受到静力牵张刺激，长期练习本式动作可使全身肌肉结实有力。

第八式　背后七颠百病消

• 动作规格

动作一

接上式。头顶上顶，脚跟提起，沉肩坠肘，提肛收腹，手指向下，脚趾抓地，动作略停，目视前方［图7-78、图7-78（侧）］。

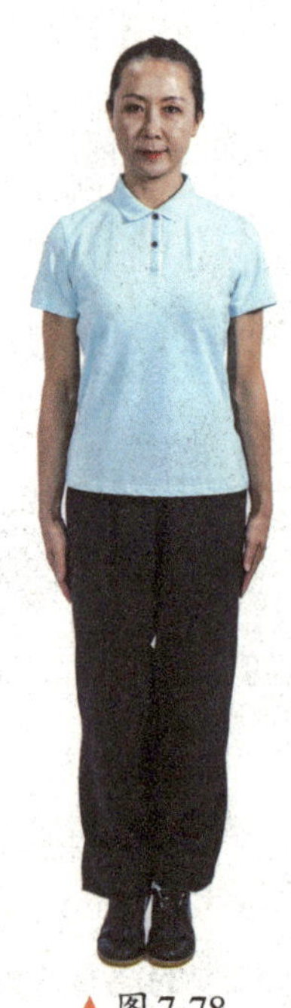

▲图7-78

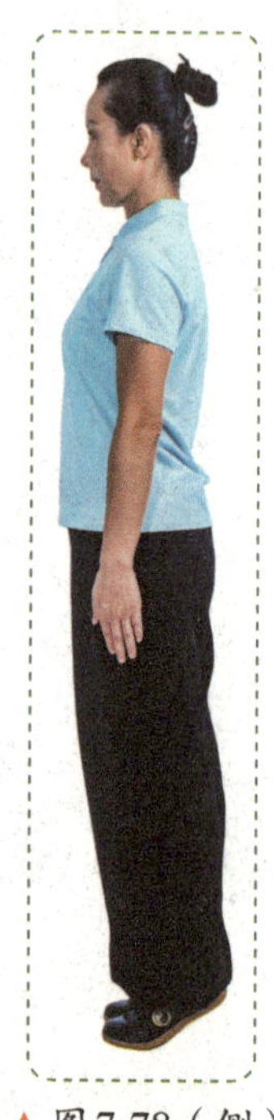

▲图7-78（侧）

动作二

脚跟轻轻下落，轻震地面，同时叩齿，放松全身；目视前方（图7-79）。

▲图7-79

本式一起一落为一遍，共做7遍。

- **动作要点**
  1. 上提时要脚趾抓地，脚跟尽力抬起，两腿并拢，头顶上顶，略微停顿，保持平衡。
  2. 脚跟下落时，轻轻下震，同时，沉肩舒臂，周身放松。
- **易犯错误** 上提时，端肩，身体重心不稳。
- **纠正方法** 脚趾抓地，两腿并拢，提肛收腹，肩向下沉，头顶上顶。
- **功理作用** 颠足而立，可发展小腿后群肌力，拉长足底肌肉、韧带，提高人体的平衡能力。落地震动可轻度刺激下肢及脊柱各关节内外结构，并使全身的肌肉得到很好的放松，有助于肌肉代谢产物的排出，缓解肌肉紧张。

收式

- **动作规格**

▲图7-80

动作一

两臂内旋向两侧摆起，腋下约成45°，两掌与腰同高，掌心向后；目视前方（图7-80）。

动作二

两臂外旋，两掌向前合抱，屈肘，两掌相叠于腹部，男性左手在里，女性右手在里；目视前下方，静养片刻（图7-81）。

动作三

两臂垂于体侧；目视前方（图7-82）。

▲图7-81

▲图7-82

- **动作要点**

两掌相叠于下腹部。周身放松，气沉于下腹部。

- **功理作用**

气息归元，整理肢体，放松肌肉，愉悦心情，巩固锻炼效果。

第八章

关于八段锦锻炼的疑问

身体很硬，可以练习八段锦吗

八段锦属于“导引术”，练习八段锦的目的是让人体变得柔软。俗话说：“筋长一寸，寿延十年；骨正筋柔，气血自流；通则不痛，通则不痛；等等。”这些俗语都指出如果一个人的身体太僵硬，容易导致气血运行不畅通，从而影响身体健康。

柔软是年轻的标志，是健康的象征，如果身体很硬，一定要练习八段锦，通过练习八段锦让身体变得柔软、协调，促进气血运行，保持身心健康。在练习时，要注意遵循循序渐进的原则，强调动作与呼吸的配合，在柔和缓慢的练习中逐步放松肢体，使身体变得柔软。

高血压患者如何练习

高血压患者在血压控制达标的基础上，可以练习八段锦。高血压患者需要积极改善生活方式，包括限制钠盐摄入量、充分休息、戒烟、限脂、减轻体重以及进行规律的有氧运动。有氧运动中，八段锦是比较好的运动方式，规律地练习八段锦有助于减轻体重、控制血压，同时有利于改善自主神经的调节功能。

如果血压处于3级高血压（收缩压大于等于180mmHg，舒张压大于等于110mmHg）时，并不建议练习八段锦，而是应积极进行降压治疗。如果血压处于1级和2级的状态，建议患者练习八段锦，练习之后一般血压都会下降，尤其是练习到微微出汗的程度，降压效果会更好。

糖尿病患者如何练习

练习八段锦是控制糖尿病症状的一种行之有效的运动方式。练习八段锦不仅可以改善人们生理、心理方面的状态，还有助于达到身心灵的和谐统一，因此对于糖尿病患者来说，练习八段锦不但可以调节血糖，还可以促进身心愉悦，从而提高整体健康水平。

八段锦属于中小强度的运动项目，练习八段锦可以使全身肌肉都得到锻炼，有利于肌肉对葡萄糖的利用。在进行坐式、道家和站式八段锦练习时，运动强度应相当于最大心率（220－年龄＝最大心率）的50%~60%，一般来说，活动至全身出汗、心率在120次/分以下、每次持续20~30分钟，这种运动强度和运动量对糖尿病患者最有利。

高血脂患者如何练习

高血脂主要由遗传因素、不健康的生活方式引起，高发于饮酒者、吸烟者、肥胖者、糖尿病患者等人群。练习八段锦能促进血液循环、改善血脂代谢，使血液中的胆固醇水平降低，进而减少心血管疾病的发生。经常练习八段锦可以促进体内脂肪的燃烧，有助于保持匀称身材，还能增强心肺功能和血管弹性。

高血脂患者在练习时应注意尽量选择站式八段锦，一次练习时间不少于半小时，保持在中等运动强度，练习时以感觉到全身微微出汗为宜。

在其他锻炼之前还是之后练习八段锦

练习八段锦不限时间、地点，根据个人情况可以随时随地练习，但需注

意练习时不要过饱或太疲劳，也不要选择太阳暴晒或有穿堂风的地方。

在进行其他项目锻炼前可以练习八段锦，以活动手足、滑利关节、畅通气血、积蓄精力，也相当于进行了热身运动。

在其他项目锻炼结束后也可以练习八段锦，当然，前提是没有感觉到太疲劳，尚有体力。此时练习八段锦，可以放松肢体、愉悦精神，并加快肌肉内乳酸的排出，帮助尽快恢复体力和精力。

年老体弱者如何练习

本书提供了4种八段锦以供练习者根据自身情况进行选择。根据动作的难易程度，练习者可依次选择卧式、坐式、道家和站式八段锦进行练习。以站式八段锦为例，年老体弱者在练习时，应选择高姿势、小步幅的动作，不求动作规格完全合乎标准，尽力就行。在练习时应注重抻拉，重心移动要平稳，练习结束后应感觉全身微汗、精神旺盛，在适当休息以后，应以不感觉疲劳为宜。

练习八段锦能代替药物吗

虽然大家经常说“运动是良医”，提倡“运动处方”，八段锦也可以作为辅助治疗的手段，但它仍然不能代替药物。

比如，目前还没有任何一种药物能彻底治疗高血压，所以八段锦也起不到治愈作用，更不可能代替药物发挥作用。八段锦只对中低轻度的病情有效，高危患者应先吃药治疗，然后配合运动，以免耽误病情，并诱发其他的并发症。所以对于轻度的常见慢性病，人们不应依赖药物进行治疗，而应通过改变生活方式进行调理，同时积极练习八段锦，以软化血管，消耗体内多余的胆固醇，增强免疫力。